PARIS

ET

LA SITUATION

PAR

LE Dr AUDIFFRENT

L'UN DES EXÉCUTEURS TESTAMENTAIRES D'AUGUSTE COMTE

> Paris, c'est la France, c'est l'Occident,
> c'est l'Europe, c'est la Terre.
>
> AUGUSTE COMTE.

PARIS

IMPRIMERIE NOUVELLE (ASSOCIATION OUVRIÈRE)

11, RUE CADET, 11

—

1883

PARIS

ET

LA SITUATION

PARIS

ET

LA SITUATION

PAR

LE Dr AUDIFFRENT

L'UN DES EXÉCUTEURS TESTAMENTAIRES D'AUGUSTE COMTE

Paris, c'est la France, c'est l'Occident,
c'est l'Europe, c'est la Terre.

AUGUSTE COMTE.

PARIS

IMPRIMERIE NOUVELLE (ASSOCIATION OUVRIÈRE)

11, RUE CADET, 11

1883

PRÉFACE

Dans un opuscule qui n'a pas été lu, Auguste Comte, s'adressant à un parti de vrais conservateurs, assez éclairés, assez émancipés, pour comprendre le danger de s'immobiliser, s'efforce de lui montrer le caractère de la situation présente, et de lui indiquer ce qu'une telle situation semble réclamer de lui. Il nous fait l'histoire de ce parti, depuis sa formation sous la Restauration jusqu'à nos jours. Il nous le fait voir se dégageant progressivement de toute consécration rétrogade et aspirant finalement à concilier les deux conditions fondamentales de toute stabilité sociale : l'ordre et le progrès. Les difficultés que rencontre dans les deux camps, révolutionnaire et rétrograde, la réalisation d'un tel vœu, doit amener, dit-il, ce parti conservateur à accueillir plus favorablement que tout autre la seule doctrine qui puisse diriger ses efforts.

Telle est l'espérance qui a décidé le grand philosophe à écrire son *Appel aux Conservateurs*. Il y indique la ligne de conduite qui doit être désormais suivie et quelles mesures il faut prendre pour arriver à la conciliation d'intérêts, qu'il faudrait croire inconciliables, si l'on devait s'en tenir aux agissements de deux écoles qui n'ont pu jusqu'à ce jour faire autre chose que se neutraliser mutuellement.

L'appel d'Auguste Comte n'a pas été lu, disons-nous,

il fallait s'y attendre. Le débordement des basses passions soulevées par le régime impérial, les complications extérieures, qu'a fait naître ce régime, afin d'échapper à l'obligation d'aborder les questions intérieures, ne pouvaient être favorables aux méditations que réclamait une saine appréciation de notre état social. Les luttes des partis, qui aspirèrent au pouvoir après la guerre, ne purent les favoriser davantage et la reconnaissance officielle de la République n'a que fort peu modifié les dispositions mentales. Mais la marche des événements s'étant chargée de montrer l'impuissance du régime parlementaire, à concilier la stabilité et le mouvement, il y a lieu d'espérer enfin que l'appel d'Auguste Comte pourra de nos jours avoir des lecteurs sérieux, et que ce qui fut impossible, il y a quelque vingt ans, ne le sera plus désormais.

La confusion que le régime parlementaire a introduite entre le conseil et l'action, et dont nos discoureurs officiels se sont si habilement servis pour exploiter la crédulité publique, constitue un obstacle à toutes les saines méditations. Quand on s'en sera affranchi, la libre discussion achèvera de discréditer tous ces faiseurs et fera réfléchir les hommes d'Etat sur les conditions que doit remplir tout parti qui aspire sérieusement à gouverner.

Dans l'écrit que nous publions aujourd'hui, nous avons eu pour but d'appeler l'attention sur l'*Appel* d'Auguste Comte. Nous croirons avoir rendu un service à la cause de l'ordre, si nous sommes assez heureux pour y arriver. Depuis la publication de cet opuscule, de regrettables événements sont survenus. Il y avait lieu de les apprécier, c'est ce que nous avons aussi essayé de faire. Malgré tout ce que ces événements ont introduit de complications dans le cours des choses, ils ne pouvaient en rien amoindrir le programme du grand philosophe. Il y avait simplement à l'adapter à la nouvelle situation.

L'Appel aux conservateurs d'Auguste Comte devait être suivi d'un appel au parti catholique et plus spécialement à la corporation qui en a désormais la direction. Si le catholicisme conserve encore l'espérance de régénérer la société au moyen de ses doctrines, il est naturel de penser qu'il ne repoussera pas la liberté de discussion, dont il a si largement usé à ses débuts pour faire prévaloir ses dogmes. Or, la liberté de discussion, pour être efficace, implique de nos jours une entière séparation entre le spirituel et le temporel, ce qui ne saurait se réaliser sans la suppression du triple budget clérical, universitaire et académique.

Dans l'état actuel des esprits, il est peu probable que l'Etat renonce de lui-même à nous imposer son enseignement et sa science. Nous pensons cependant qu'on peut l'y amener par une sage pression exercée sur l'opinion. Si les directeurs catholiques osaient aller au devant d'une échéance, qui ne peut être que retardée, et renonçaient volontairement à la subvention de l'Etat, à la condition toutefois que les deux subventions, académique et universitaire, tomberaient en même temps, il est à peu près certain que l'opinion publique ne manquerait pas de se prononcer en leur faveur. Ils pourraient voir alors disparaître du même coup et l'enseignement officiel et la science officielle.

Par leur position, les jésuites étaient certainement de tous les directeurs catholiques, ceux qui semblaient devoir être les mieux disposés à comprendre les avantages d'une telle initiative. C'est à eux qu'il fallait donc s'adresser d'abord.

Sans doute dans la pensée d'Auguste Comte la grande discussion, débarrassée de ses entraves officielles, ne pouvait relever le catholicisme. Il n'avait rien de semblable à lui promettre. Mais n'était-ce point traiter dignement la vieille religion de nos pères, que de lui assurer toute liberté de propagande, et de la débarrasser de la concurrence de l'Etat. On ne peut certes faire vivre bien long-temps, ceux que la mort a marqués de son doigt. Mais on peut préparer à ceux qui vont mourir une fin digne de leurs services passés et le grand nom du catholicisme le recommande assez à la reconnaissance de ceux qui ont tant reçu de lui.

L'appel aux catholiques, ou plutôt aux jésuites, seuls directeurs des intérêts catholiques, n'a pas été écrit. Il n'est pas moins en situation. Toute l'activité des Ignaciens se trouvant tournée contre l'organisation de la forme républicaine, il n'est guère probable qu'ils soient disposés en ce moment à entendre l'appel de la philosophie. Mais quand ils auront perdu tout espoir de restauration monarchique, il n'est pas dit qu'ils ne reconnaissent enfin qu'ils ont tout intérêt à s'enfermer dans leurs attributions spirituelles et qu'ils ne se résignent alors à aider les vrais penseurs, à déblayer la situation des discoureurs académiques, qui constituent les seuls obstacles à la régénération d'une société qui souffre de plus en plus de leur prépondérance. Les motifs sociaux qui peuvent autoriser quelques-uns à parler encore au nom des dogmes épuisés, pourront peut-être un jour les pousser à chercher d'autres voies et d'autres moyens.

Marseille, le 2 Saint-Paul 95.
(22 mai 1883.)

PARIS ET LA SITUATION

I

Paris depuis la chu[te] de l'empire.

Paris, c'est la France, c'est l'Occident, c'est l'Europe, c'est la Terre.

Sous ce titre, Auguste Comte allait consacrer un volume à la grande cité, qui, depuis Charlemagne préside aux destinées du monde, lorsqu'une mort prématurée est venue le frapper.

Le mouvement commencé à Athènes, poursuivi à Rome, puis à Paris, s'y continue encore de nos jours et s'y continuera jusqu'à ce que les populations humaines aient trouvé leur constitution finale.

La suprématie de Paris n'était point contestée au dix-huitième siècle, ce siècle tout français, qui eut l'honneur d'inaugurer les mœurs de la paix. Ceux qui de nos jours la méconnaissent, ne la subissent pas moins à leur insu, et nos récents désastres ne l'ont en rien amoindrie. Dans les arts, dans les sciences, aussi bien qu'en philosophie et en politique, aujourd'hui encore, il n'est rien qui soit définitivement accepté, s'il n'a reçu l'investiture parisienne. Il n'est pas un savant, pas un artiste qui voulût s'en passer. Malgré les haines, aristocratiques ou bourgeoises, déchaînées contre Paris sa sanction est, en effet, partout recherchée. Si le vide qu'on a voulu faire autour d'elle, si une regrettable politique, si nos déchirements intérieurs semblent avoir fait déchoir la noble cité de sa mission séculaire, pour ceux, à qui une science supérieure permet de suivre au milieu de l'anarchie présente la marche des événements, elle ne reste pas moins toujours placée à la tête du mouvement occidental.

L'hostilité que rencontre Paris en province et en

Europe, ne saurait en rien étonner le philosophe. C'est la conséquence naturelle de la situation exceptionnelle qui lui a été faite par la gravité de la crise que traverse de nos jours notre globe tout entier, et dont la métropole occidentale est plus spécialement affectée. Quand toutes les vieilles doctrines, tous les moyens de gouvernement, anciens ou nouveaux, sont épuisés, quand le cerveau du monde est lui-même absorbé dans un laborieux enfantement, qu'est-il surprenant que dans ce moment suprême, toutes les parties de ce vaste organisme, qu'on appelle le monde, restées sans pondération, s'insurgent contre la tête. Mais nous touchons à la phase ultime de ce travail, et la science humaine, surgissant enfin de ses entraves, va ouvrir les voies de l'avenir.

Le philosophe, à qui une telle élaboration était réservée, a fait ce que réclamait de lui l'ensemble de nos antécédents. Son œuvre est complète, c'est maintenant à l'homme d'Etat à déblayer, d'après ses indications, le terrain sur lequel s'élèveront les constructions futures. Puisse quelque puissante initiative faire bientôt prévaloir les saines solutions.

Les hésitations de toutes sortes que nous constatons depuis près d'un siècle dans la politique occidentale, et surtout dans la politique française, suffiraient à elles seules pour montrer à quel degré de complexité se sont élevés les événements contemporains. Dans le passage auquel nous assistons, d'une longue préparation, qui s'achève à peine de nos jours, à l'état définitif réservé aux sociétés futures, il n'y avait certes que la philosophie qui pût indiquer les voies nouvelles. Aussi pouvons-nous dire, que fût-il un Richelieu, un Cromwell, un Frédéric, l'homme d'Etat à qui incomberait la lourde charge de présider à la politique contemporaine, s'égarerait à coup sûr, s'il n'invoquait les lumières d'une science supérieure.

Disons cependant en passant, qu'une doctrine organique, venant, dans le voisinage de tels hommes, inaugurer une politique nouvelle, n'aurait point vu le jour sans arriver jusqu'à eux. Aussi, que doit-on penser de la capacité politique de ceux qui méconnaissent encore la portée de la grande élaboration, naguère accomplie dans le domaine social et moral. Qu'attendre, en effet, de cette cohue de littérateurs et d'avocats que nous voyons se succéder au pouvoir depuis un demi-siècle, sans avoir pu se dégager des tristes doctrines qu'ils continuent encore à nous imposer.

L'absence de toute direction, telle est l'unique cause de cette lutte persistante, à laquelle continuent à se livrer sous nos yeux, les partis qui se qualifient de rétrogrades et d'anarchiques. Si une telle lutte n'a pu aboutir, même passagèrement, au triomphe d'aucun d'eux, disons-le, c'est que tous méconnaissent les conditions de l'ordre fondamental. Aussi, peut-on affirmer que tant que de nouvelles idées, de nouveaux moyens de direction, n'auront pas prévalu, ils n'arriveront qu'à se neutraliser mutuellement, en nous présentant le triste spectacle d'un excès d'anarchie ramenant une situation rétrograde, ou d'une situation rétrograde suscitant un excès d'anarchie. Néanmoins, comme toute question n'est définitivement posée que d'après une solution quelconque, fût-elle illusoire, les solutions révolutionnaires devaient conserver plus de crédit auprès de ceux qui comprennent l'impossibilité d'aucun retour vers le passé.

Ces dernières considérations suffiraient à elles seules pour motiver la suprématie actuelle de Paris, en supposant même, ce qui ne saurait être admis, que la grande cité fût déchue de sa prééminence philosophique ou littéraire. Dans son sein se trouvent ceux qui agissent et qui ne cessent d'espérer. Mais si le progrès y a encore ses plus actifs partisans, si les yeux de ceux qui gémissent se tournent encore vers elle, il est bon toutefois de ne pas oublier, qu'en raison de son rôle d'avant-garde et d'initiatrice, toutes les aspirations, voire les plus anarchiques, y trouvent toujours un écho. Aussi, par une réaction nullement fortuite, tous les gouvernants qu'elle s'est donnée, ou qui lui ont été imposés, vu l'obligation où ils ont été de maintenir avant tout l'ordre matériel, se sont-ils bientôt tournés contre elle. Quelques-uns mêmes ne sont-ils pas allés jusqu'à demander une consécration aux doctrines les plus rétrogrades.

Entraînés par cet exemple, ceux-là mêmes qui subissent à leur insu la suprématie de la noble cité l'ont naturellement laissée responsable des troubles survenus dans leur existence. Son activité, parfois maladive, ne pouvait, en effet, leur donner ni trève ni repos. Dans un moment d'affolement, lorsque le canon prussien était encore braqué contre elle, nous les avons vus la frapper d'anathème, associant ainsi les rancunes aristocratiques et les haines bourgeoises, au piétisme allemand. Perdant toute pudeur, méconnaissant la continuité humaine, ils sont allés jusqu'à rêver, dans leur assemblée de malheur, la décapitation de la France.

Fier et résigné pendant les horreurs d'une guerre, qu'il avait désapprouvée et qu'il eût voulu épargner au pays, Paris, malgré toutes les imprécations déchaînées contre lui, reprenait à la paix son rôle traditionnel. La cruelle crise qui faillit l'anéantir ne put un seul instant l'en détourner. Qui ne reconnaît aujourd'hui la légitimité de sa résistance, aux tentatives monarchiques. Si elle s'égara, c'est qu'elle resta sans direction.

Une terrible répression, sans exemple dans l'histoire, ne put néanmoins assurer le triomphe des partis rétrogrades et quelques mois après, la France consultée, flétrissait leurs coupables manœuvres. Ce fut, reconnaissons-le, un sévère avertissement pour l'Assemblée monarchique, en même temps qu'un sanglant reproche aux républicains qui en faisaient partie. Il faut le dire, bien des malheurs eussent peut-être été évités, si ceux-ci, mieux inspirés, lorsque éclata le soulèvement parisien, avaient compris leur véritable devoir, s'ils eussent pu se convaincre que leur présence était plus nécessaire à Paris qu'à Versailles. En mettant la reconnaissance officielle de la République pour condition au désarmement de Paris, ne plaçaient-ils pas l'Assemblée rétrograde dans la plus critique des alternatives. Un refus de sa part, eût infailliblement entraîné le pays tout entier dans le mouvement de résistance. C'est ce que nous autorisent à penser les élections de juillet 71. Qui a oublié d'ailleurs l'accueil sympathique que reçut dans la plupart de nos grandes villes la nouvelle du mouvement parisien ?

L'homme sinistre qui se chargea de la répression comprit bien à quel danger l'exposaient les menées monarchiques de ses commettants. Aussi se hâta-t-il de rassurer les délégations départementales, justement alarmées sur le sort de la République. L'opposition républicaine manqua donc en cette occasion à tout ce qu'on était autorisé à attendre d'elle. Les démissions regrettables de Bordeaux en avaient malheureusement réduit le nombre, et son chef naturel avait cru devoir se réserver en passant en Espagne. La juste popularité qu'avait faite à M. Gambetta la défense nationale, le désignait d'avance, s'il eût compris son devoir et s'il fût resté à son poste, pour diriger la protestation parisienne. On peut se demander ce qu'en pareille occurrence eût fait un Cromwell, un Danton.

Le cri de : vive Paris, qui retentissait dans toutes les grande villess de France, les aurait sans doute tout autrement inspirés. Le mouvement parisien eût pu avoir, vraisemblablement, une toute autre issue si la grande cité avait pu compter sur l'appui de celui à qui la France entière avait obéi pendant une lutte digne de tous les éloges. La Commune s'égara dans un mouvement aussi aveugle qu'anarchique ; elle devait être vaincue.

Quoi qu'il en soit, on ne peut douter aujourd'hui qu'en

obligeant le chef du pouvoir exécutif à prendre auprès
des délégations départementales l'engagement formel de
maintenir la République, le mouvement parisien, toute
regrettable, qu'en a été l'issue, n'ait déjoué les combinaisons monarchiques.

Deux ans après la terrible répression, Paris, décimé,
mais non lassé, accentuait davantage son rôle d'avant-
garde. Une élection mémorable lui permettait d'affirmer
de nouveau sa résistance à l'Assemblée rurale. Il n'hésita
pas, en cette occasion, à se mettre en opposition directe
avec son implacable chef. Le positivisme, par deux de ses
membres les plus militants, voulut alors dégager plus
explicitement, que ne pouvait le faire l'empirisme révolutionnaire, le véritable caractère de cette opposition.
L'élection du modeste instituteur lyonnais offrait une
belle occasion de consacrer l'alliance des grandes villes
et de la grande cité contre la réaction bourgeoise.

Plus tard encore, dans une question mal posée, s'affir-
mait la revendication parisienne à la suprématie politique. Considérée en elle-même, l'autonomie communale,
si elle pouvait se réaliser, aboutirait certainement au
morcellement de la France, en un temps où la concen-
tration de toutes ses forces est une condition fondamen-
tale de son existence nationale. Ne serait-ce pas d'ailleurs
livrer le pays aux influences rétrogrades, dont on assure-
rait de la sorte le triomphe dans nos campagnes et nos
petites villes, si l'action du pouvoir central venait à s'y
relâcher. Mais, quand on voit une pareille question se
poser exclusivement dans les grandes villes et surtout à
Paris ; quand on voit le prolétariat urbain s'y rallier tout
entier, on est bien forcé de se demander si, au fond d'une
telle question, il n'y a pas quelque légitime revendication, se faisant jour sous une appellation anarchique,
ainsi que se manifestent ordinairement toutes les aspirations populaires.

En effet, sous la question de l'autonomie communale

l'homme d'Etat, comme le philosophe, ne peut voir qu'une énergique protestation de Paris et des grands centres contre la suprématie politique que voudrait s'arroger la province arriérée, en invoquant un sophisme fallacieux : la souveraineté populaire. Une saine théorie historique nous convaincra bientôt, quand elle se sera suffisamment généralisée, que l'initiative politique ne peut émaner que de Paris, à qui doivent se rallier naturellement toutes les grandes villes. Si le suffrage universel doit rester notre unique mode de votation, il y a lieu toutefois de distinguer dans son application, entre les élections destinées à constituer le pouvoir central, qui ne peut émaner que des grands centres, et celles auxquelles l'universalité des citoyens doit prendre part.

On peut donc affirmer que, dans l'état actuel des esprits, la revendication par les grandes villes de France de l'autonomie communale ne peut avoir qu'une signification, c'est qu'à Paris et aux grands centres doit être réservée la nomination de tout pouvoir directeur, en laissant à la province celle des pouvoirs administratifs. Si tout citoyen romain pouvait participer à l'élection des autorités civiles ou militaires, c'était à Rome, dans les comices qui s'y tenaient, que devait avoir lieu le vote. Une telle prescription revenait à déclarer implicitement que nul, pour prendre part aux fonctions publiques, n'était dispensé d'une éducation politique, qui, sous la grande République, n'était possible qu'à Rome. De nos jours comme alors, quelque valeur qu'on accorde à un citoyen, il ne pourra acquérir la préparation politique, que réclame la qualité d'électeur, que là où les grandes questions se posent et s'agitent. Tel lettré retiré dans ses terres est évidemment moins compétent dans une question politique de quelque importance que celui qu'éclaire et passionne le contact de ses concitoyens.

Si la question de l'autonomie communale semble perdre en ce moment de son premier crédit, nous ne la retrouvons pas moins dans l'éternelle lutte du conseil municipal de Paris et de la préfecture de la Seine. Le triste spectacle qu'elle nous offre est la conséquence forcée de l'opposition où se trouvent, par le fait de la diversité de leur origine, le conseil parisien et le gouvernement issu d'une assemblée provinciale.

Toute question municipale prenant inévitablement à Paris un caractère politique, il est évident que le gouvernement ne peut tolérer dans son voisinage un pouvoir antagoniste. S'il en était autrement, le maire de Paris, comme il est facile de s'en convaincre, en se transportant en d'autres temps, serait bien vite aussi puissant que le gouvernement lui-même. L'antagonisme que nous venons de signaler ne cessera que lorsque le gouvernement émanera de Paris lui-même. Tel est l'enseignement qu'il faut dégager des deux questions connexes de l'autonomie communale et de la mairie centrale de Paris.

Il résulte de toutes ces considérations que Paris, malgré son écrasement sous la terrible répression versaillaise, s'est relevé, qu'il a moins que jamais abdiqué son rôle séculaire, que les haines aristocratiques ou bourgeoises, auxquelles il est resté en butte, se sont émoussées contre sa résistance, qu'il tient en échec l'assemblée rurale et, nous osons le dire, l'Europe tout entière. C'est dans son sein que continuent à se poser les grandes questions, c'est là qu'elles arrivent successivement au jour et c'est là que naissent les plus décisives résolutions. Pour être plus efficace, son action n'a besoin que d'être plus éclairée. Il nous est permis d'espérer qu'elle le sera bientôt et que bientôt la grande cité fera avec connaissance de cause, c'est-à-dire systématiquement, en s'inspirant des lumières d'une science supérieure, ce que de tout temps elle fit spontanément.

II

Fût-il un Richelieu, un Cromwell, un Frédéric, avons-nous dit, l'homme d'État à qui incomberait de nos jours la lourde tâche de présider à la politique contemporaine, s'égarerait à coup sûr, s'il était privé des lumières d'une science supérieure. Les hésitations que nous constatons dans la conduite de nos gouvernants depuis la fin du siècle dernier ne peuvent que confirmer une telle affirmation, quelque étrange qu'elle puisse paraître à ceux qui attendent tout encore d'une meilleure inspiration du suffrage universel. Le parlementarisme, avec ou sans chef héréditaire, telle est la forme de gouvernement qui paraît à tous, républicains ou monarchistes, devoir réaliser les espérances du passé. Il s'agit simplement d'en trouver le meilleur mode. Un siècle de tentatives infructueuses n'a encore découragé personne.

Parcourons rapidement notre histoire parlementatre et rappelons en peu de mots quel a été, depuis leur institution, le sort de nos assemblées délibérantes. Ce sont les Etats-Généraux de 89 transformés bientôt en assemblée constituante, qui nous ont doté pour la première fois d'un régime resté depuis lors cher à nos prétendues classes dirigeantes. Une assemblée qui légifère et un roi qui se résigne humblement à exécuter les ordres émanés d'elle, voilà quel fut d'abord l'idéal gouvernemental. Le roi manqua naturellement au serment qu'il avait prêté à la constitution, et, pour s'en affranchir, appela l'ennemi dans son pays. Il le paya de sa tête. Cette première expérience

2

du régime nouveau n'eut rien de décisif, le roi ne s'étant pas conformé à la Constitution jurée.

L'Assemblée législative, qui succéda à la constituante, fit place bientôt à une Convention nationale, assemblée souveraine, déléguant à des ministres l'exécution de ses volontés. Il fallut pour marcher la purger de ses membres trop hésitants, alors que les dangers de la patrie réclamaient des décisions rapides et l'unité de direction. Sous la pression d'une puissante personnalité, la Convention nationale se subordonna au terrible comité, à qui elle eut le bon esprit de laisser le soin de sauver le pays. Ce Comité devait bientôt se tourner contre son premier chef, lassé par un sublime effort, et devint un instrument de despotisme entre les mains d'un rhéteur. La docile assemblée, menacée dans son existence eut enfin le courage de la peur et envoya à l'échafaud celui qui était en train de la décimer. Elle ne ressaisit le pouvoir que pour le remettre à un directoire exécutif, cette fois flanqué de deux conseils, l'un chargé de délibérer et l'autre de consacrer ou de rejeter les vœux du premier. Cette seconde forme du parlementarisme, si péniblement élaborée, glissa sans trop de peine dans la dictature militaire.

Pendant plus de quinze ans, la France fut noyée dans une orgie de sang et de batailles, sans antécédents dans ses annales. Épuisée dans une lutte insensée, elle est réduite pour comble d'infortune à remercier la coalition des rois de l'avoir affranchie d'un despote couronné auquel le malheur des temps l'avait livrée.

Au rétablissement de la paix, c'est à une troisième édition du régime parlementaire qu'on va de nouveau demander des procédés de gouvernement. Un roi constitutionnel, par la grâce de Dieu, deux chambres, l'une issue d'un suffrage restreint et l'autre héréditaire, émanant de la volonté royale, toutes deux légiférant sous la sanction du roi, tel fut l'instrument gouvernemental qui parut devoir être employé pour rendre le calme au pays.

Cette nouvelle restauration parlementaire n'eut d'autre résultat que de paralyser la bonne volonté d'un véritable chef, pour aboutir enfin sous son chétif successeur à un changement dynastique, qui eut pour effet de substituer des préoccupations d'intérêts matériels aux grandes luttes philosophiques du règne précédent.

La tourbe des parvenus, qui arriva aux affaires avec la monarchie bourgeoise, se hâta d'écraser l'élément populaire dont elle s'était servi pour se frayer la voie. Elle eut bien vite échangé contre de bonnes prébendes ses revendications libérales d'un autre temps. Un ministre put inviter son pays à s'enrichir, pendant qu'un professeur, investi de la confiance officielle, engageait la jeunesse française à savoir rester médiocre. Un souffle populaire, quand on s'y attendait le moins, balaya la chambre asservie et son roi.

Paris, ce grand justicier, prononça le mot de république, et la France tout entière, dans un moment d'entraînement, acclama la forme républicaine. La grande cité dota le pays du suffrage universel, croyant de la sorte échapper à la domination des repus. Elle fut victime d'un sophisme, la souveraineté du peuple, aussi vide de sens que le droit divin, et se mit ainsi volontairement à la remorque des campagnes arriérées (1). Si elles ne lui renvoyèrent pas les mêmes hommes, elles l'eurent bientôt paralysée sous les mêmes sophismes et les mêmes convoitises. Les journées de juin furent de sa part un suprême effort pour se dégager des conséquences d'une faute. On doit rappeler en cette occasion quels conseils lui donna le grand philosophe, quand elle tenait encore dans ses mains les destinées du pays. Le gouvernement parisien fut

---

(1) Il est bon de rappeler en passant un joli mot d'Alfred de Vigny, qui dépeint bien la situation depuis 89 : « Le monde, dit-il, a la démarche d'un sot qui se dandine mollement entre deux absurdités : le droit divin et la souveraineté du peuple. »

invité par lui à compléter le mouvement de février en donnant lui-même une constitution au pays, bien convaincu qu'il l'eût ratifiée. Cette constitution fut formulée dans une conférence publique, et elle fut plus tard exposée dans un écrit spécial. Mais ni Paris ni son gouvernement ne purent se dégager du sophisme populaire, qui consacrait toutes les usurpations de pouvoir. Le dogme de la souveraineté du peuple est encore de nos jours la loi suprême de ceux-là mêmes qui ont le plus à en souffrir, bien qu'il paralyse tous leurs efforts et laisse le pays à la merci des intrigues monarchiques et bourgeoises.

Décimé en juin, Paris n'eut plus la force de se défendre en décembre. L'anarchie parlementaire, arrivée en quelques mois à son comble après la défaite parisienne, rendit plus que jamais nécessaire la dictature. Elle échut naturellement à celui dont un chansonnier insensé et un écrivain, de néfaste mémoire, avaient préparé l'avénement. Pour la seconde fois, le parlementarisme nous livrait sans défense au despotisme militaire. La honte de Sedan ne put nous préserver du retour de ceux qui avaient lâchement livré leur pays. Une nouvelle assemblée, justement qualifiée de rurale, ne fut arrêtée dans ses projets de restauration monarchique que par la terrible résistance parisienne. Si cette résistance s'égara en des projets insensés, nous avons dit à qui en doit revenir la responsabilité.

Pour terminer cette histoire succincte d'un régime désormais jugé, faut-il montrer encore à quel degré d'abaissement il nous a conduits, sous le rhéteur dont la mort seule pouvait nous délivrer? Que peut-il sortir d'une assemblée qui, par sa faiblesse, semble encourager toutes les compétitions monarchiques?

L'implacable logique des événements montrera si nous avons été trop sévères dans l'appréciation à laquelle nous venons de nous livrer. Quel enseignement peut-on tirer de cette longue succession de faits qui remplit la période parlementaire, ouverte il y a bientôt un siècle, sinon que toute assemblée est destinée, quand elle n'est point asservie, à être impitoyablement chassée. Que nos démocrates actuels méditent cet enseignement, qui, pour n'être qu'empirique, ne mérite pas moins de fixer leur attention.

Deux hommes d'Etat, dont personne de nos jours ne pourrait contester la haute valeur, ont seuls surgi depuis la chute de la vieille monarchie ; tous deux ont eu hautement le sentiment de la situation que leur avaient faite les événements. Une théorie historique, si elle avait pu exister de leur temps, aurait certainement secondé leurs efforts et leur eût permis de mieux répondre à ce que la postérité attendait d'eux. Il paraîtra étrange de rapprocher ici le grand révolutionnaire qui renversa la royauté du monarque judicieux qui fut appelé à la reconstituer. A tous deux, malgré la diversité des temps, le but à atteindre apparut toujours nettement : faire prévaloir le pouvoir central sur les résistances locales, seule manière de concilier l'ordre et le progrès.

Par une série de mesures très habilement combinées, notre grand Danton prépara la déchéance de la royauté, après avoir échoué dans ses tentatives pour la transformer. L'auteur du 10 août, par son désintéressement et son manque d'ambition, compromit au 31 mai la situation révolutionnaire. Cette faute, qu'il paya de sa vie, eut pour conséquence immédiate de livrer les destinées du pays à un sophiste sanguinaire. Qu'on n'oublie pas que c'est en s'appuyant sur la commune de Paris, la seule force sur laquelle on pouvait alors compter, que Danton avait imposé le gouvernement de son choix. Son concours ne lui aurait pas été certainement refusé, s'il eût pris la dictature, en un temps où la défense nationale et la nécessité d'assurer l'ordre intérieur l'imposaient à tous. Cromwell aurait-il hésité en pareille occurence, se demandait Auguste Comte ?

Le roi Louis XVIII, au retour de l'exil, cédant aux exigences de son milieu et d'une fausse situation, octroya une charte à la France.

Son gouvernement, le plus honnête de tous ceux que nous ayons eus depuis l'ébranlement révolutionnaire, nous a présenté le curieux spectacle, unique dans ce siècle, d'un pouvoir plus avancé que ses propres partisans, et plus éclairé que ses ennemis. Un tel gouvernement doit être jugé, plus encore d'après ce qu'il eût voulu faire, que d'après ce qu'il fit. Aussi faut-il regretter que les malheurs des temps ne lui aient pas permis d'élaguer la superfétation parlementaire, qui paralysa tous ses mouvements et l'empêcha de conquérir l'opinion, que sa loyauté et ses services devaient lui gagner.

Sans descendre plus profondément dans l'analyse d'un régime qu'on s'obstine encore à nous présenter comme devant répondre aux exigences de la situation la plus complexe qu'aient présentée les annales de notre vieux monde, nous croyons néanmoins qu'il est nécessaire de montrer à ceux qui, ne se rendant pas à la triste expérience de tout un siècle, continuent à nous opposer les mérites de la Constitution anglaise, et de leur dire en quoi la situation française diffère de celle de nos voisins.

Auguste Comte a depuis longtemps signalé comment, par l'effet de la double conquête saxonne et normande, la puissance royale fut en quelque sorte réduite en Angleterre, à signer un compromis avec les lords et les anciens chefs déchus, tous coalisés pour la subalterniser. Telle fut l'origine du parlementarisme anglais, dont ni la dictature de Henri VIII, ni celle d'Elisabeth, pas plus, d'ailleurs que celle de Cromwell, ne purent complètement triompher. La Constitution anglaise, qu'on a voulu nous donner comme un modèle à imiter, sortit, à la chute définitive des Stuarts, de ces antécédents, si différents de ceux de la monarchie française. Si la noblesse anglaise parvint à subalterniser la royauté, c'est le contraire qui eut lieu sur le Continent. L'esprit local, avec ses tendances dispersives, prévalut ainsi en Angleterre, tandis que la centralisation politique sortit en France de cette longue lutte contre la féodalité, dans laquelle les rois eurent pour auxiliaires nos grandes cités et surtout la Ville de Paris, dont le concours contribua si puissamment à assurer leur triomphe.

Il n'y avait donc pas lieu d'arguer du succès qu'obtint en Angleterre le régime parlementaire, pour vouloir l'introniser en France.

Nous en avons vu les conséquences dans l'exposé succinct que nous venons d'en faire. À défaut de la comparaison historique, ses insuccès parmi nous auraient peut-être suffi pour le faire rejeter, si l'on avait su par quoi le remplacer.

Du coup d'œil rapide que nous allons jeter maintenant sur notre passé monarchique sortira un autre enseignement, qui peut devenir aussi instructif pour le présent que celui qui vient de se dégager de l'analyse à laquelle nous venons de nous livrer, à propos des divers essais de parlementarisme qui remplissent le siècle exceptionnel auquel nous appartenons encore.

III

Après l'épuisement du régime catholico-féodal, si la royauté française avait pu soupçonner l'avenir, elle se serait donné pour mission de déblayer le terrain des restes du régime antérieur et de favoriser, par une large protection, l'élaboration du dogme destiné à remplacer les dogmes déchus. Une pareille sagesse n'était sans doute à attendre de personne ; mais la marche fatale des événements a, jusqu'à un certain point, rapproché l'œuvre royale d'une telle destination. Aussi, dit Auguste Comte, faut-il considérer la royauté française, pendant le cours des six siècles qui nous séparent du moyen-âge, comme une succession de dictatures, marchant, sans se laisser enfermer dans une constitution quelconque, vers la réalisation de cette double mission. Mais pour bien concevoir l'œuvre de la royauté, il importe de ne jamais la séparer du concours qu'elle reçut constamment de la ville de Paris. Cette alliance d'une grande cité, devenue déjà la métropole occidentale et d'une puissante famille, ayant en quelque sorte l'une et l'autre le même but, est un fait digne de fixer l'attention de tout penseur et de tout homme d'Etat.

Disons ce qu'était déjà Paris au commencement du quatorzième siècle, lorsque l'ébranlement du régime féodal et l'épuisement de la foi catholique allaient laisser l'Occident tout entier sans direction.

En devenant défensive, d'offensive qu'elle avait été pendant toute la durée de la conquête romaine, la guerre, par ce changement de nature et de destination, imposait à l'Occident, avec d'autres devoirs, une nouvelle métropole. Lorsque Charlemagne eut annexé la Germanie à l'ancien monde romain, complétant ainsi l'œuvre de Rome, la position périphérique de l'antique cité la rendait plus que jamais impropre à la défense des intérêts occidentaux contre de nouvelles invasions. Par ce changement de politique, la nation centrale devenant prépondérante, sa capitale resta la métropole de la nouvelle occidentalité. Aussi sa suprématie spirituelle ne tarda-t-elle pas à s'étendre à l'Occident tout entier, tandis que le mouvement qui portait l'Europe vers l'Orient étendait le prestige de son nom et de sa langue à l'ensemble du monde connu (1).

Si les progrès de toutes sortes accomplis dès cette époque dans la République occidentale n'émanèrent pas ouvertement de Paris, déjà pour être acceptés ils réclamaient sa consécration. Au milieu de ses interminables disputes, la scolastique y posait tous les grands problèmes relatifs à l'entendement humain et soulevait le voile de l'avenir. Les deux grands noms d'Albert-le-Grand et de saint Thomas-d'Aquin suffiraient à eux seuls pour montrer que Paris, au treizième siècle, était déjà pour tous les Occidentaux une seconde patrie.

Faut-il rappeler en passant que le grand art dont les belles productions ont servi de caractéristique à toute une époque y prit aussi naissance. La Sainte-Chapelle et le temple élevé à la nouvelle patronne des Occidentaux fournirent à l'architecture d'incomparables modèles. Tant d'œuvres poétiques qui vinrent au jour sous l'inspiration

---

(1) Nous ferons remarquer que le célèbre voyageur vénitien, Marco-Polo, préféra la langue française, la plus répandue de son temps, à sa propre langue, à peine fixée, pour écrire son admirable livre.

de la noble cité indiquent à quel degré de culture y furent portées les diverses branches de l'art humain. L'insuffisance des procédés et du langage y continrent bien des aspirations. Qu'on n'oublie pas, d'ailleurs, que le régime affecté par l'ensemble des antécédents humains à la plus décisive de toutes les préparations, celle du sentiment, se décomposait au moment même où il atteignait son apogée. L'art privé de stimulant et de but devait rester par cela même contenu dans son essor.

C'est sur la noble cité, devenue l'arbitre de l'Occident, que s'appuya la royauté française dans l'accomplissement de sa grande mission. Une intime union s'établit entre elle et une famille privilégiée pour préparer les voies de l'avenir. L'amour des Parisiens pour leurs rois et la digne protection dont ils furent l'objet de leur part étaient choses couramment admises encore à la fin du siècle dernier. Durant une longue succession de monarques, Paris fut, par ses organes les plus accrédités, le constant inspirateur de tout ce qui se fit de grand en France, et, plus d'une fois, il décida du choix des ministres que se donnèrent ses chefs héréditaires. On peut dire aussi que la double mission qui leur incomba devint par sa coopération assez précise pour qu'il ne leur fût plus possible de se méprendre sur sa nature et son importance.

En sens inverse les dignes encouragements que la science et les arts reçurent des rois français ne servirent pas seulement à illustrer quelques règnes, ils contribuèrent aussi à conserver à Paris sa suprématie spirituelle et à y faire converger les efforts que suscitait l'élaboration du dogme, dont l'occident tout entier allait de plus en plus sentir le besoin. L'avance que la grande cité prit ainsi sur le reste de l'occident, dut, par une réaction fort naturelle, préserver plus d'une fois la politique française de toute grave déviation.

Paris, suffisamment émancipé des croyances théologiques, Paris, déjà railleur et presque sceptique, fut assez bien, inspiré au seizième siècle, pour arrêter la royauté française sur la pente du protestantisme et pour préserver la France tout entière de la halte qu'eût occasionnée une solution insuffisante. Qui peut douter de nos jours que le développement de l'esprit humain n'y eût trouvé un obstacle plus à craindre que celui qu'essaya vainement de lui opposer plus tard le jésuitisme. La cité, qui ouvrait son sein aux artistes et aux savants de l'Europe entière, ne pouvait, après la renaissance esthétique qui porte son nom, se méprendre sur la portée du mouvement protestant. Trop pénétré d'ailleurs de la nécessité de la prépondérance royale, à laquelle son sort se trouvait depuis longtemps lié, elle devait repousser les prétentions d'une noblesse factieuse, qui, sous prétexte de liberté de conscience, travaillait ostensiblement au démembrement du pays.

Dans ce passé, si troublé, qui compte six longs siècles, bien des choses doivent frapper l'historien. C'est d'abord la décomposition rapide de toutes les vieilles croyances et le relâchement progressif des liens qui unissaient jadis les élements aujourd'hui épars de la vieille famille occidentale. Ce sont ensuite les difficultés toujours croissantes que rencontrent les gouvernements, soit pour maintenir l'ordre intérieur, soit pour sauvegarder les intérêtes nationaux. Dans ces conditions, il eût été certes impossible de soumettre à aucune fixité la conduite des hommes d'Etat, surtout français, que les événements allaient surprendre bien des fois. Aussi, quoiqu'il faille admettre que la plupart de nos grands types politiques, aussi bien que nos grands penseurs, aient toujours eu un presentiment de l'avenir, il ne faut pas moins reconnaître qu'ils furent souvent exposés à de graves déviations. Ils eurent toujours fort à faire, ne fût-ce que pour maintenir seulement l'ordre matériel, au milieu de la décomposition générale. On ne saurait donc leur être trop reconnaissant d'avoir continué au milieu de complications toujours croissantes à encourager tout ce qui pouvait être tenté en vue de l'ordre futur et de la constitution d'un nouveau lien.

Malgré les lacunes qu'a souvent présentées le passage d'un règne au suivant, on est cependant obligé de reconnaître que la succession de nos rois français présente une suffisante continuité, et l'on peut même dire que, considérée dans son ensemble, la royauté française fut presque toujours progressive. Mais les difficultés s'élevèrent, enfin, à un tel degré de complexité, que, débordée de toutes parts par la marche des événements, qu'elle ne pouvait ni prévoir ni maîtriser, elle tenta d'arrêter leur cours naturel. C'est de ce moment que, de progressive qu'elle avait toujours été, elle devint rétrograde et précipita la crise qui devait plus tard l'emporter.

Alors cessa l'accord qui avait toujours existé entre les rois français et la ville de Paris, qui ne pouvait abdiquer son rôle séculaire. C'est vers la fin du dix-septième siècle qu'il faut placer le commencement de la scission, lorsque Louis XIV quitta sa capitale pour aller à Versailles.

Ce que réclamait la situation nouvelle, quelque complexe qu'elle fût, n'était pas cependant au-dessus de ce qu'on pouvait attendre d'un véritable homme d'Etat, s'inspirant des lumières de son temps. Frédéric fournit à cet égard la meilleure confirmation de ce que nous avançons ici.

La royauté française était débarrassée, au dix-septième siècle, de tous les obstacles qu'avait entassés la décomposition féodale; elle avait partout des sympathies, elle pouvait donc beaucoup encore. Un homme manqua. Il ne se trouva qu'à la fin du siècle suivant, quand de nouvelles complications avaient considérablement aggravé la situation. A cette époque, on ne saurait le méconnaître, la royauté française touchait à une phase des plus critiques. Pour se prêter aux exigences du temps, il fallait qu'elle abandonnât tout ce qui lui restait de son caractère théologique et militaire. C'est ce qu'indiquait le plan que le grand Turgot soumit au roi Louis XVI. Il réalisait suffisamment tout ce qu'on pouvait espérer à cet égard. On peut même dire qu'il préparait pour un avenir prochain la transformation de la royauté en une dictature civique. Les idées qu'il présenta alors pouvaient déjà faire pressentir aux rois qu'ils auraient bientôt à renoncer à l'hérédité de leurs fonctions, en se réservant toutefois le choix de leurs successeurs. Un véritable chef aurait pu, en effet, s'inspirer déjà de la belle succession des Antonins, où, depuis Nerva jusqu'à Marc-Aurèle, le pouvoir se transmit conformément à un tel mode. Notre propre histoire présentait aussi un exemple non moins remarquable, que le philosophe pouvait invoquer, dès le dix-huitième siècle, pour recommander la substitution de l'hérédité sociale à l'hérédité théocratique de la naissance? De Richelieu à Colbert, trois dignes chefs se sont succédé, chacun désignant son successeur, préalablement associé à sa fonction. Il y avait donc là un enseignement qui pouvait ne pas rester stérile. En ce qui concerne notre grand Turgot, qui se posait en digne continuateur de la politique de ces trois grands ministres, il ne faut pas oublier que c'est Paris, Paris toujours vigilant, qui l'imposa au roi, qui sut si mal le soutenir. L'homme d'État de la famille encyclopédique était, à tous égards, digne de la haute position à laquelle il se trouvait élevé. Une intrigue de cour priva la France de ses services, malgré un début bien fait pour le recommander à la confiance de tous. En une situation analogue, Louis XIII sut maintenir contre une cour turbulente le grand ministre qui illustra son règne (1).

---

(1) Nous ne pouvons ne point citer ici la lettre que Marie-Thérèse écrivit à sa fille en apprenant la chute du ministère Turgot :

« (20 mai 1776). — Je suis bien contente que vous *avez* point de part au changement des deux ministres, qui ont pourtant bien de la réputation dans le public et qui n'ont manqué, à mon avis, que d'avoir trop entrepris à la fois. Vous dites que vous n'en

Après la retraite de Turgot, la crise qu'il avait prévue devint inévitable; nous en connaissons les péripéties et l'issue. La France, engagée dans une défense héroïque, qui dégénéra en une orgie militaire, laissa dans la tourmente révolutionnaire ou sur les champs de bataille toute son élite.

Si nous avons pu montrer précédemment quel sort fut toujours réservé en France à toute assemblée délibérante, un enseignement non moins important peut encore découler de la succincte exposition que nous venons de faire d'un passé que le philosophe et l'homme d'Etat ne sauraient trop étudier : c'est que pendant toute la longue période qui s'est écoulée du moyen-âge jusqu'à nous, le gouvernement s'est en quelque sorte presque toujours incarné en un homme. Quand cet homme a manqué à la situation, l'anarchie et toutes ses suites n'ont jamais manqué de prévaloir. Les trente ans de minorité des enfants de Catherine de Médicis entassent ruines sur ruines, l'homme politique paraît, tout rentre dans l'ordre.

Notre époque espère-t-elle suppléer, par une combinaison quelconque, à l'absence de cet homme! On est assez disposé à le croire autour de nous, c'est cependant ce dont il est encore permis de douter.

Quoique la mission de la monarchie française fut relativement bien simple, puisqu'elle consista à dégager la marche des événements des institutions d'un régime épuisé, et à favoriser par une sage protection le mouve-

---

êtes pas fâchée; vous devez avoir vos bonnes raisons; mais le public, depuis longtemps, ne parle plus avec tant d'éloges de vous et vous attribue tout plein de petites menées, qui ne seraient convenables à votre place. » Suivent des reproches sur l'état de dissipation de sa fille. (Arneth, Leipzig, 1866, page 174, tome I.) Nous savons quelle part a prise Marie-Antoinette à la chute de Turgot. De cette mémorable lettre, nous pouvons rapprocher les paroles presque prophétiques de ce ministre à Louis XVI : « Un roi qui se livre aux courtisans se condamne au sort de Charles Ier ou de Charles IX. »

ment intellectuel, cependant, elle ne s'est pas moins trouvée bien souvent entravée, par l'absence ou l'insuffisance de direction. Le présent sera-t-il plus heureux dans ses espérances, quand nous voyons grandir de toutes parts les difficultés. Nous le répétons, vu la complexité à laquelle se sont élevés les événements contemporains, que, fût-il un Richelieu, un Cromwell, un Frédéric, un homme d'Etat ne pourrait qu'errer de nos jours sans les lumières d'une science supérieure. Mais une telle science existe, ce fut l'œuvre d'un philosophe jusqu'ici méconnu. Elle attend l'homme d'Etat qui saura s'en inspirer.

IV

Dans le double exposé que nous venons de faire, d'un régime qu'on s'obstine à nous imposer encore et d'un passé dont nous nous sommes efforcés de présenter les grands traits, nous avons procédé à la façon d'un simple observateur, en nous abstenant autant que possible de toute appréciation trop systématique. Si le grand spectacle historique qui s'est montré à nous a pu nous convaincre de l'accroissement de complication que présente, de nos jours, la marche des événements, il n'a pu nous fournir aucune indication assez précise pour nous permettre d'en tirer des procédés gouvernementaux applicables à la politique contemporaine. Pour y arriver, il est nécessaire de faire voir plus explicitement l'enchaînement des faits que nous nous sommes contentés de rappeler.

L'ensemble de nos antécédents grecs, romains et féodaux, a été successivement affecté à la préparation de nos facultés supérieures, spéculatives, actives et affectives. C'est à l'avenir à les combiner désormais et à les faire converger vers leur véritable destination, le bonheur collectif et privé. Les six siècles qui nous séparent du moyen-âge furent, à leur tour, consacrés, d'après cette triple préparation, à constituer le dogme de l'avenir, et ce n'est que de nos jours seulement que cette longue élaboration s'est trouvée terminée. Mieux inspiré, le présent pourra désormais procéder avec connaissance de cause, à la tâche qui lui est dévolue, tandis que le passé ne put agir que d'après des indications souvent confuses et insuffisantes.

La décomposition catholico-féodale, qui remplit tous les temps modernes, fait observer Auguste Comte, présente trois phases : la première, toute spontanée, fut commune à tous les éléments de la famille occidentale ; la seconde, que remplit l'explosion protestante, vit les deux éléments septentrionaux de l'antique République chrétienne se séparer de ses éléments méridionaux ; enfin, la troisième, purement déiste, affecta spécialement la nation centrale, que sa précoce émancipation préserva de tout entraînement protestant.

Progressive jusqu'à la fin du dix-septième siècle, la royauté française sut jusqu'alors entourer d'une sage protection le mouvement intellectuel, et éviter toute solution prématurée. Mais entraînée alors dans une marche rétrograde, elle ne tarda pas à se mettre en hostilité avec l'esprit moderne. La crise qui l'emporta fut la conséquence d'une politique aussi aveugle qu'inconsidérée.

Après l'explosion révolutionnaire, c'est à la doctrine critique, qui avait fait son apparition au seizième siècle, qu'on demanda de nouveaux moyens de direction. Le mouvement philosophique, qui devait fournir la formule de l'avenir, n'était pas assez avancé pour en montrer l'insuffisance et les dangers. Ainsi fut consacré le dogme métaphysique de la souveraineté populaire, tandis que l'esprit d'imitation nous portait à introniser parmi nous le régime parlementaire propre à l'Angleterre.

Ces deux importations protestantes trouvèrent un digne accueil dans les masses populaires et chez les lettrés, dont elles consacrèrent les prétentions à la suprématie intellectuelle. Elles nous entraînèrent, en outre, dans une dangereuse rétrogradation en suscitant la confusion des deux pouvoirs, spirituel et temporel, dont la séparation fut, comme on le sait, l'œuvre du catholicisme. C'est elle qui, pendant toute la durée du moyen-âge, assura notre culture morale et l'essor de nos facultés spéculatives. Les rois, qui subalternisèrent plus tard les clergés nationaux, ne la respectèrent pas moins, et l'indépendance de la pensée persista de la sorte pendant la plus grande partie de la transition moderne. Ce ne fut que lorsque le royauté devint rétrograde qu'elle chercha à entraver le développement spéculatif, qu'elle avait jusque là favorisé. Mais il était trop tard, et son clergé subalternisé ne lui fut que d'un faible secours dans ses tentatives de répression. Un ennemi plus à craindre menaçait le mouvement intellectuel.

La sagesse de la Convention nationale, qui supprima, au nom de la liberté, toutes les corporations savantes, ne put contenir les tristes effets de la doctrine négative, qu'avaient formulée et propagée les lettrés, sophistes, discoureurs ou avocats. Elle leur conféra bientôt la suprématie intellectuelle. Le déisme légal, qui prévalut alors, prépara la restauration du catholicisme, que le mouvement républicain avait réduit à son office spirituel.

La religion officielle amena bientôt l'enseignement officiel. Pour combattre ce qu'il appelait l'idéologie, Bonaparte consacra ainsi, sans s'en douter, le règne des pédants, qu'il n'aimait pas cependant. Contenus pendant toute la durée de la Restauration par la sagesse royale, ils triomphèrent sous la monarchie de Juillet. Le parlementarisme républicain leur fut plus favorable encore lorsque le suffrage populaire leur eut livré le pouvoir. Le triomphe du journalisme et des avocats fut ainsi assuré. Il effaça la grande conquête du catholicisme et consacra officiellement la confusion des deux pouvoirs. La pensée fut dès lors soumise au joug académique.

Pour compléter ce tableau, il faut nous hâter de montrer les conséquences économiques du principe d'égalité qui avait prévalu avec la doctrine négative. La suppression du droit d'aînesse, avant que l'hérédité sociocratique eût remplacé celle de la naissance, eut pour effet de morceler à l'infini la fortune publique. Un tel résultat faisait naître une classe nouvelle, aussi distincte de notre ancienne bourgeoisie que de la noblesse. Ce mouvement de décomposition fut aggravé et accéléré par les terribles effets de la crise finale. La défense désespérée de la France contre l'Europe coalisée, qui, de l'aveu même de de Maistre, sauvegarda les destinées humaines, ne priva pas moins le pays de son élite, qui disparut, avons-nous dit, sur les échafauds d'un rhéteur sanguinaire et sur les champs de bataille d'un aventurier. Le développement de la grande industrie ne tarda pas à noyer ce qui restait de nos populations urbaines dans un flot de faméliques, qui abandonnèrent la campagne pour la grande ville. Leur âpreté au gain, l'exiguïté de leurs besoins devaient fatalement leur livrer la fortune publique.

Pendant que s'enrichissaient ces derniers venus, les diplômes universitaires ouvraient les nouvelles carrières à leur progéniture, animée du même esprit de convoitise et de lucre. Qui pourrait être maintenant étonné, soit dit en passant, dé la disparition de notre vieille urbanité, que les mœurs révolutionnaires avaient déjà si profondément altérée.

Ce triste tableau ne peut que s'assombrir encore, quand on descend plus à fond dans l'analyse de ce qui se passe sous nos yeux. Pour s'élever au pouvoir, les lettrés, avocats, journalistes et littérateurs, ne pouvant être quelque chose que par la faveur populaire, se mirent naturellement à flatter les plus basses passions, sauf à se retourner plus tard contre leurs mandataires, en s'alliant à une bourgeoisie de qui dépendaient leurs moyens d'existence. Fatigués de leur servir de marche-pied, le prolétariat a enfin séparé sa cause de la leur. Mais l'isolement auquel se condamnait ainsi le parti populaire devait le livrer aux ambitieux sortis de son sein. Ceux-ci ne pouvant avoir d'autre idéal que l'idéal bourgeois n'aspirèrent bientôt qu'à constituer ce qu'ils appellent le quatrième État. Ce nouvel État est destiné, dans leur pensée, à se substituer au troisième, comme celui-ci s'est substitué à la noblesse. Peu leur importait de méconnaître à la fois la continuité et la solidarité humaines. Pour rester conséquents avec eux-mêmes, ils devaient naturellement relever le parti des égalitaires et nier toute dépendance envers le passé. C'est ce qui ressort de leurs prétentions à vouloir résoudre par eux-mêmes sans le concours des autres éléments sociaux, toutes les questions pendantes. Une semblable disposition d'esprit n'est certes pas sans présenter quelque danger pour l'avenir. Elle montre combien il est nécessaire d'arracher le pouvoir à ceux qui l'ont à ce point compromis.

C'est dans ce but qu'Auguste Comte écrivit son *Appel aux Conservateurs*, dont le succès n'a pas, jusqu'à présent, répondu à son attente. Qu'on nous permette encore quelques mots, en passant, sur un opuscule destiné à devenir le *vade mecum* de tout homme politique.

Raisonnant dans l'hypothèse que parmi ceux qui disposent de la fortune publique ou qui restent encore des anciens partis, il existe des hommes assez émancipés de croyances théologiques, assez clairvoyants pour voir le péril social et pour n'avoir qu'une faible confiance dans les moyens de répression employés jusqu'à ce jour en vue du maintien de l'ordre, Auguste Comte s'est adressé spécialement à eux et a cru qu'il serait possible de les rapprocher dans un parti gouvernemental, capable de concilier les deux grands besoins du moment : l'ordre et le progrès. Son appel n'a pas été entendu, mais il n'est pas dit qu'il ne le sera point. L'épuisement de toutes les vieilles doctrines, révolutionnaires et rétrogrades, le débordement des appétits inférieurs, ne peuvent, en effet, manquer de rapprocher tous ceux qui sont restés honnêtes et clairvoyants et de les réunir dans une action commune, au nom des intérêts les plus respectables, de plus en plus menacés. C'est sur cette réaction naturelle, que le positivisme peut puissamment favoriser, en écartant de toute suprématie politique les révolutionnaires et les rétrogrades, qu'il faut désormais compter pour former un vrai parti gouvernemental, dégagé aussi bien des illusions démocratiques que des espérances monarchiques.

L'attitude des lettrés, qui détiennent en ce moment le pouvoir, peut seule retarder la formation de ce parti en entretenant des espérances chimériques chez ceux qui auraient tout intérêt à se rallier définitivement à la forme républicaine. Mais il est permis d'espérer que la marche même des choses les amènera bientôt à invoquer la seule doctrine qui soit capable désormais de donner une issue à l'anarchie présente.

Ceux qui n'ont pas de parti pris peuvent à cette heure se placer en présence de deux hypothèses, ou qu'il existe de nos jours une science capable de diriger les constructions futures, ou que cette science est encore à constituer. Quelle que soit celle de ces deux hypothèses à laquelle ils se rallient, s'ils sont pénétrés de ce qui vient d'être dit, ils se convaincront aisément que le principal obstacle à la régénération de notre vieux monde consiste dans la confusion des attributions, spirituelles et temporelles, que cumule en ce moment le gouvernement. Par le Concordat, l'Université et l'Académie des sciences, nous nous trouvons dotés, en effet, d'une religion d'Etat, d'un enseignement d'Etat et d'une science d'Etat.

Dans leurs légitimes protestations contre les tendances du parti rétrograde, les républicains français n'ont eu jusqu'à ce jour qu'une chose en vue : la suppression du budget des cultes. Ce budget doit tomber certainement; mais l'acharnement que nous constatons contre lui dans le parti progressiste, tandis qu'on entoure d'une respectueuse déférence les subventions académiques et universitaires, nous prouve qu'on ne voit pas encore dans ce parti où sont les véritables obstacles à démolir. Ils apparaîtraient bientôt, si le parti rétrograde voulait finalement se contenter du seul rôle qui lui convient désormais : une énergique protestation contre les sophismes révolutionnaires. Toute prétention de sa part à la restauration d'un pouvoir définitivement déchu ne peut, par réaction, que déchaîner contre lui toutes les haines démocratiques et provoquer des mesures de répression que les vrais libéraux regretteront toujours.

En nous imposant un enseignement et une science officiels, le gouvernement des lettrés a voulu certainement élever un obstacle à la marche de la pensée humaine vers ses fins naturelles. Les moyens employés par lui sont sans doute contradictoires, puisque dans les cloîtres scolastiques on enseigne à côté de la foi de Moïse, une science qui, bornée au domaine inferieur, conduit fatalement au plus grosier matérialisme. Mais tout contradictoires que sont ces moyens, ils n'arrêtent pas moins le développement des sciences supérieures, morales et sociales ; dont les domaines restent ainsi l'apanage des méthaphysiciens officiels. Enlever à ceux-ci ces deux domaines, c'est forcer la tourbe des lettrés dans ses derniers retranchements et les obliger à renoncer aux expédients à l'aide desquels ils continuent à braver l'opinion.

Plus conséquents qu'on ne le croit, dans leur résistance à tout mouvement progressif, ils comprennent que leur prestige dépend autant du maintien du clergé officiel que de celui des deux corporations où ils se recrutent. Aussi sentent-ils parfaitement que la suppression isolée du budget des cultes aménera fatalement, au nom de la grande liberté, une alliance entre les libres-penseurs et les rétrogrades dépossédés. Ils n'ignorent certes pas qu'en livrant à l'opinion leurs adversaires théologiques, ils se découvrent eux-mêmes.

Les mesures d'exception ordonnées naguère par eux contre les ordres réguliers n'étaient qu'une façon de détourner les préoccupations publiques d'une mesure plus radicale, dont ils avaient mieux que personne compris toute la portée. Si nous les avons vus si hardis dans la répression, c'est qu'ils savaient que ceux-la mêmes qui protestaient contre les décrets du ministre Ferry et qui avaient le plus à en souffrir n'oseraient prendre les résolutions qui en eussent paralysé les effets. Dans quelle fausse situation n'auraient-ils pas été placés, en effet, par leurs adversaires, si ceux-ci, renonçant volontairement à la subvention de l'Etat, avaient revendiqué pour tous la grande liberté, et réclamé, à titre de garantie, la suppression des deux budgets universitaire et académique. Mais le clergé catholique réduit, depuis longtemps, à la défensive, poussé à de honteuses transactions pour conserver une position officielle, ne connaît plus ses véritables intérêts. Ses défenseurs actuels ne voient pas que c'est abdiquer toute autorité spirituelle que d'accepter le patronage de ceux qui ne craindraient pas d'employer contre lui les plus implacables rigueurs, s'ils n'en redoutaient les conséquences pour leur domination.

Qu'on nous permette maintenant d'envisager les conséquences de la suppression du triple budget théorique, en nous plaçant au point de vue de la formation d'un véritable parti conservateur, sachant faire respecter l'ordre et assurer le progrès.

V

La séparation des deux pouvoirs, spirituel et temporel,
fut, avons-nous vu, une des grandes conquêtes du catholicisme ; elle assura la continuité du mouvement intellectuel. Respectée suffisamment par les rois, sous la transition moderne, quoiqu'ils eussent subalternisé les églises
nationales, elle se trouve désormais gravement compromise depuis l'avènement des lettrés au pouvoir. Le Concordat de Bonaparte et le régime académique l'ont officiellement effacée de nos institutions.

Si une semblable situation était susceptible de durée,
nous verrions la pédantocratie prévaloir jusque dans nos
mœurs, surtout depuis qu'on cherche à soumettre l'éducation des femmes au régime universitaire (1). Nos habi-
tudes intellectuelles et le mouvement industriel nous ont
seuls préservés jusqu'à ce jour d'une telle dégradation,
qui n'est pas moins toujours imminente en un pays où
les diplômes continuent à ouvrir toutes les carrières et à
régir la plupart des professions dites libérales. C'est
contre cette tendance qu'il faut désormais réagir ; on n'y
arrivera qu'en arrachant le gouvernement à ceux qui le
détiennent en ce moment, et en revenant à nos vieilles

Nous signalons à ce propos un joli mot d'un prélat, homme
d'esprit. Après le baccalauréat, disait-il, nos filles s'élèveront
aisément à la licence. De ce joli mot, nous pouvons rapprocher
celui d'un ancien pair de France : « Le diplôme de bachelier est,
dit-il, une lettre de change tirée sur l'Etat, qu'il faut, tôt ou
tard, payer par une place ou par une révolution. »

traditions françaises, aussi opposées au régime parlementaire qu'à la dispersion de l'autorité.

Quoique l'obstination avec laquelle nous voyons aujourd'hui le prolétariat urbain réclamer la suppression du budget des cultes, soit en grande partie entretenue par les haines, que les tendances rétrogrades du clergé catholique ont suscitées dans le pays, il faut y voir cependant un sentiment confus des dangers auxquels les empiètements du pédantisme gouvernemental exposent l'esprit moderne. Les protestations populaires sont d'ailleurs en parfaite situation, puisque la suppression du budget théologique, vu la solidarité qui existe entre toutes les choses de l'ordre spéculatif, doit entraîner celle des autres subventions théoriques. En un pays aussi émancipé que l'est le nôtre de tous les préjugés métaphysiques, il est, en effet, certain qu'une coalition se ferait bien vite entre les masses populaires, les libres penseurs et les rétrogrades eux-mêmes, si le budget des cultes se trouvait supprimé. Les conséquences d'une telle coalition sont faciles à prévoir, malgré la diversité des buts propres aux partis temporairement rapprochés. Il serait d'ailleurs possible d'élever la question de façon à y intéresser toutes les natures honnêtes.

Le caractère transitoire de la situation actuelle, qu'aucun bon esprit ne peut méconnaître, permettrait, en effet, de rapprocher tous ceux qu'alarment les progrès de l'anarchie présente. La grande liberté, dont ils sentent tous le besoin, leur est nécessaire pour faire prévaloir, par une libre exposition, les dogmes qui leur paraissent devoir fournir une base à tout ordre social nouveau ou ancien.

Sans supposer aucune vue systématique à nos chétifs gouvernants, le sentiment de la conservation a suffi pour leur montrer quelle solidarité lie les trois institutions à l'aide desquelles le pédantisme académique et la résistance bourgeoise dominent encore la situation. Ils sentent bien que l'abrogation de l'une d'elle doit entraîner celle des deux autres. Telle est certainement, avons-nous dit, l'unique raison qui motive leur opposition aux vœux communs et les pousse à violer les promesses faites à leurs électeurs.

Écarter désormais les lettrés de toutes robes, avocats, littérateurs et journalistes, de la suprématie politique, les remplacer par de vrais conservateurs, disposés à toujours concilier l'ordre et le progrès, tel est le but vers lequel doivent tendre désormais les efforts de tous ceux qui se sont bien rendus compte des difficultés de notre état présent et qui en voient les dangers.

C'est en vue d'un tel résultat qu'il faut étudier les conséquences d'une pleine séparation entre le spirituel et le temporel, à laquelle la suppression des trois budgets, théologique, métaphysique et scientifique servira de consécration. Mais nous devons répondre auparavant à l'objection que font à cette mesure ceux qui ont tout intérêt à prolonger le *statu quo*. La liberté d'enseignement, qui doit en résulter, aura pour effet de livrer, disent-ils, l'instruction publique aux cléricaux, mieux organisés que ne le seront jamais les instituteurs libres, ceux-ci, quoi qu'ils fassent, ne pouvant jamais avoir au même degré que leurs concurrents la confiance des familles riches. Une pareille crainte est plus spécieuse que réelle. Sans doute les institutions catholiques sont à certains égards mieux organisées que les institutions laïques pour répondre aux exigences universitaires et même pour la préparation à nos écoles spéciales. Les maîtres s'y occupent peut-être davantage de leurs élèves; mais quand le règne des diplômes aura cessé, quand la vraie science, celle qui ne recule pas devant les conséquences, aura remplacé partout les sciences de mots, de formules étroites, qui dominent, même dans nos écoles gouvernementales, alors, on peut en être certain, tous ces avantages disparaîtront. Il est facile, en effet, de prévoir qu'en un temps où le mouvement industriel tend à tout primer, l'instruction scientifique devra rapidement se substituer à l'enseignement littéraire. Les résultats d'une telle substitution, dans un milieu essentiellement sceptique, sont de nature à surmonter toutes les résistances théologiques. Que les professeurs s'interdisent tout commentaire sur des textes consacrés par l'usage, en sera-t-il de même des élèves qui n'ont aucun intérêt à poser des limites à leur curiosité. Leur activité intellectuelle, accrue dans les études où la démonstration contiendra toujours les écarts de l'imagination, les affranchira bientôt de toute croyance imposée par des maîtres eux-mêmes émancipés ou peu convaincus. D'ailleurs, ceux-ci, obligés, pour se conformer aux exigences d'une instruction qui s'étendra progressivement à tous les degrés de la hiérarchie intellectuelle, seront poussés à chercher au dehors une position plus conforme à leur dignité. L'infériorité des établissements ecclésiastiques ne tardera pas alors à se faire sentir aussi bien aux parents qu'aux élèves. D'un autre côté l'enseignement, affranchi de tout programme officiel, donnera plus d'importance à l'étude de l'homme moral, et l'histoire, devenue une préparation à la science sociale, montrera bientôt la continuité des événements humains. Les deux domaines social et moral, se trouveront ainsi définitivement enlevés à la métaphysique et à la théologie. Il serait contradictoire de supposer que pour conserver ses établissements actuels, le clergé catholique consentît à propager une instruction. dont il serait certainement le premier à reconnaître les dangers pour sa propre foi. D'ailleurs, la suppression des diplômes, obligeant le gouvernement à ouvrir chaque année des concours pour le choix de ses fonctionnaires, il pourra toujours, au moyen de ses examinateurs, élever le niveau de l'instruction.

On voit donc que rien n'est moins à redouter que le danger de voir les établissements ecclésiastiques s'emparer de la jeunesse française. Les craintes exprimées à cet égard proviennent de ceux que la liberté d'enseignement menace d'une déchéance prochaine. Qui ne connaît d'ailleurs les aveux du clergé lui-même sur les difficultés qu'il trouve à se recruter. Nous savons quels efforts il fait chaque jour pour combler les vides qui se font dans son sein. Ces difficultés seront encore bien plus grandes quand l'Etat aura renoncé à subventionner les séminaires et surtout s'il soumet tous les citoyens aux mêmes devoirs envers la patrie. C'est ce qui nous explique, soit dit en passant, les tendresses du clergé pour le Concordat de Bonaparte, qui lui assure une existence légale, à laquelle il tient, en raison même de la diminution de son crédit auprès des masses. N'y trouve-t-il pas d'ailleurs pour lui-même un puissant moyen de discipline. C'est par le Concordat que les évêques maintiennent dans la soumission des prêtres travaillés comme tout le monde par l'esprit du temps et qui seraient souvent tentés de secouer le joug épiscopal si leurs moyens d'existence ne dépendaient plus de leurs chefs hiérarchiques.

On peut donc penser que, mieux renseignés que nous sur ses véritables intérêts, le clergé français est bien moins rassuré sur les conséquences de la liberté d'enseignement que ne le disent ses adversaires. Un tel langage dans la bouche de ceux-ci est uniquement destiné à maintenir leur situation, qui devient de plus en plus précaire, surtout depuis qu'on a commencé à voir quelle intime solidarité existe désormais entre leur existence et celle d'un clergé salarié. Il y a toutefois cette différence entre leur situation et celle du clergé catholique, c'est que la suppression des trois budgets thèoriques écartera définitivement les uns du pouvoir, tandis qu'elle donnera plus de dignité aux autres, qui continueront encore à vivre pendant longtemps des libres subventions de leurs fidèles. On ne peut certes douter que leurs services ne soient encore réclamés par les populations en retard, auxquelles le clergé catholique fournira, pendant de longues années, leurs seuls directeurs possibles.

Voyons maintenant quelles seront les conséquences mé-
diates ou immédiates de la suppression du budget théologique.

La première de ces conséquences, ainsi que nous venons
de le voir, sera de faire tomber du même coup les budgets
universitaires et académiques et d'assurer de la sorte une
pleine séparation entre le spirituel et le temporel. Nous
avons dit comment les progrès de l'anarchie moderne ont
contenu les effets de cette précieuse acquisition due uniquement au catholicisme. Bien qu'elle lui fût imposée, il
ne faut pas moins la laisser à son actif; elle a assuré jusqu'au triomphe des pédants l'indépendance de la pensée.
C'est cette séparation entre le conseil et l'action, qui dif-
férencie la civilisation moderne des civilisations antiques
et orientales. Si les divers pouvoirs, royaux ou aristocratiques, ont, depuis la fin du moyen-âge, cherché à subalterniser les sacerdoces théologiques, catholiques ou
protestants, il faut leur savoir gré d'avoir respecté jusqu'au moment de leur pleine décadence la liberté philosophique. C'est grâce, en grande partie, à leurs encouragements, que la science moderne s'est constituée.

Les obstacles que Bonaparte opposa au développement
de la pensée ne purent contenir les précieux effets de la
vitesse acquise et de l'ébranlement révolutionnaire du
siècle dernier sur la marche de l'entendement humain.
C'est ainsi que le double mouvement scientifique et philosophique a pu, malgré les entraves académiques, s'élever
enfin à son terme extrême : l'étude des phénomènes
sociaux et moraux. Le règne actuel des lettrés n'a pu que
retarder l'application à la direction des hommes des
grands résultats fournis par la philosophie et la science
régénérées.

La conspiration des littérateurs pour contenir le mouvement social n'arrêtera pas les complications qui naî-
tront de la marche même des événements, et leur politique, aussi aveugle qu'intéressée, ne tardera pas à mon-

trer aux populations où sont les véritables obstacles. à
leur régénération. On peut affirmer que déjà la propaga-
tion des idées positivistes qui s'est faite à Paris et ailleurs
a assez ébranlé les esprits éclairés pour qu'il ne soit plus
possible de dissimuler davantage les véritables causes de
l'état de stagnation où nous voyons se traîner la politique
contemporaine, tant en France qu'à l'étranger.

Nous mettre enfin dans une situation plus conforme
aux exigences de l'esprit moderne, favoriser l'avènement
de nouveaux moyens de direction, tels sont les résultats
généraux qu'il faut attendre tout d'abord de la suppression du budget des cultes. Elle suscitera consécutivement,
disons-nous, une pleine séparation entre le spirituel et le
temporel, séparation qui rencontre aujourd'hui plus
d'opposition chez nos littérateurs et nos savants officiels
que dans le camp rétrograde lui-même.

Les conséquences politiques d'une telle mesure seront
plus immédiates que celles que nous venons de signaler.
Il faut reconnaître d'abord qu'elle dégagera l'action du
gouvernement d'une foule de complications que font naître ses prétentions à vouloir régler l'ordre spirituel. Elle
écartera un grand nombre d'obstacles dont il ne peut
triompher sans faire des mécontents, sans exciter contre
lui les divers partis qui se trouvent en présence et qu'il
indispose également par ses demi-mesures ou ses fins de
non-recevoir. Elle habituera en outre le public à ne point
demander au gouvernement ni à attendre de lui la solution de questions à l'égard desquelles il aurait dû déjà
depuis longtemps déclarer son incompétence. Après la
suppression des trois budgets théoriques, l'action du gouvernement se précisera plus qu'elle n'a pu l'être encore,
puisqu'elle ne saurait consister désormais que dans les
mesures destinées à maintenir énergiquement l'ordre
matériel et à assurer l'exercice de toutes les libertés.

En quelques mains que tombe à l'avenir le pouvoir, il
pourra toujours déclarer qu'il n'a pas à prendre parti

dans les questions que soulève le développement de la
pensée. Il n'aura de la sorte à se rallier à aucune solution
avant que l'opinion ne se soit définitivement prononcée.
Laissés à l'initiative d'un chacun, les grands problèmes
sociaux pourront être abordés dans de libres discussions,
sans qu'il ait à accepter à l'égard de personne aucune
responsabilité.

Dans ces conditions, les doctrines anarchiques, se pro-
duisant au grand jour, montreront bientôt leur impuissance à rien constituer, et leurs partisans seront obligés
de confesser leur inaptitude gouvernementale. Quant aux
vieux dogmes déjà épuisés, ils n'oseront affronter le
contrôle de la science sociale et seront réduits à ne point
franchir le seuil de leurs églises respectives. Les seules
doctrines qui comportent la démonstration auront quelque
chance de rallier un public assez nombreux pour les faire
enfin prévaloir.

Quelques années seulement d'un tel régime suffiront
pour convaincre les vrais conservateurs de l'impossibilité
de reconstituer, même passagèrement, les institutions du
passé. Ralliés alors définitivement au régime républicain, il leur sera facile d'en enlever la direction aux lettrés dont l'impuissance se sera déjà manifestée aux moins
clairvoyants. Leur succès sera d'ailleurs assuré par leur
alliance avec le prolétariat, qui aura alors tout intérêt à
se rapprocher des maîtres de la fortune publique, lorsque
ceux-ci reconnaîtront enfin qu'ils doivent procéder au
plus tôt à son incorporation à une société où, suivant l'expression d'Auguste Comte, il n'est encore que campé (1).

---

(1) Un rapprochement entre le prolétariat et les chefs industriels,
qui peut paraître bien chimérique dans l'état actuel des esprits,
s'impose cependant à très courte échéance. Il faut pour cela que
nos gouvernants s'abstiennent de troubler le cours naturel des
événements. Dans un récent opuscule (*De l'anarchie financière*),
nous avons prouvé que la grande fortune est à la veille de se reconstituer, et que toute la petite bourgeoisie va bientôt retourner
au travail, d'où elle est sortie. On peut donc prévoir que le prolé-

Une telle alliance résultera forcément du discrédit dont la libre discussion ne tardera pas à frapper les sophismes, à l'aide desquels les meneurs démagogiques cherchent à détourner le prolétariat de ses voies. Le parti conservateur lui-même, quand il aura accepté les saines doctrines relatives à la formation et à la conservation des capitaux humains, y cherchera la consécration de son autorité. Le prolétariat, s'élevant naturellement à une meilleure intelligence de ses véritables intérêts, ne sera plus tenté de les séparer de ceux de ses chefs. Quand ceux-ci auront reconnu qu'ils ne sont que les gérants de la fortune publique, les autres admettront, de leur côté, qu'ils ne doivent vivre que d'un salaire quotidien, dont le taux assurera la satisfaction de leurs légitimes besoins.

Nous avons toujours raisonné dans l'hypothèse de la suppression du budget des cultes, sans trop nous préoccuper d'où pourrait venir une telle mesure. Restant toujours dans la même hypothèse, il ne nous sera pas difficile de montrer quel sera le sort de l'assemblée rurale en présence de l'attitude que prendra la grande cité vis-à-vis de l'opinion française.

Le parlementarisme est déjà assez discrédité pour qu'il soit permis d'espérer que le grand mouvement d'opinion qui provoquera la suppression des trois budgets théoriques lui enlèvera le peu d'autorité dont il jouit encore auprès de quelques-uns. Toutes les grandes questions dont seront saisies les tribunes parisiennes mettront en évidence d'autres personnalités que celles auxquelles nous ont habitués le journalisme et les débats parlementaires.

---

tariat et les grands chefs industriels vont un jour se trouver en présence. Si les idées qui ont cours dans les deux camps sur la destination et l'emploi de la fortune publique n'étaient prochainement modifiées. un choc terrible serait la conséquence d'une telle situation. La religion de l'Humanité a jeté déjà des racines assez profondes pour qu'il nous soit permis d'espérer qu'elle arrivera assez à temps poyr amortir les coups et montrer à chaque parti les véritables devoirs.

Il nous est encore permis d'espérer que s'il y a une science fixant la marche des phénomènes sociaux, elle prévaudra naturellement. L'étude de l'homme social a acquis une telle notoriété de nos jours qu'il nous paraît impossible qu'on puisse continuer à l'étouffer encore.

Il suffira que les privilèges académiques et universitaires soient supprimés pour que la vraie science reprenne son empire, pour que les véritables savants, les vrais philosophes se dégagent de la pression officielle.

Les véritables conservateurs ne tarderont pas alors à se rallier à un mouvement dont la partie organique leur apparaîtra de plus en plus. Les meilleurs prolétaires, de leur côté, voyant dans les nouvelles solutions la fin du malaise social, apporteront leur concours à un mouvement dont personne ne redoutera plus les effets. La suprématie parisienne s'affirmera ainsi aux yeux de tous, principalement dans les grands débats auxquels prendront bientôt part tous ceux qui seront capables de rapprocher deux idées.

Que peut devenir une assemblée dans un tel concours d'événements, si elle n'y participe pas. Abandonnée par ses meilleurs membres, qui trouveront ailleurs plus de célébrité et des auditeurs mieux disposés à les écouter, elle tombera inévitablement dans un discrédit croissant.

En reportant nos regards en arrière, il nous sera facile de nous convaincre que tel fut le sort réservé à d'autres assemblées, lorsque le cours des événements eut transféré à la grande cité l'initiative politique. Il s'agit de nos jours de faire pacifiquement ce qu'en d'autres temps on fit révolutionnairement. Qu'on songe aux embarras que crée déjà au gouvernement légal le conseil municipal de Paris, dont on ne peut certes approuver toujours les résolutions. Peut-on ne pas être convaincu de ce que pourra l'opinion parisienne dégagée de tous les obstacles officiels et se manifestant sous une direction systématique. Là est la force du moment, il faudra compter avec elle lorsqu'elle sera mieux dirigée.

Comprend-on maintenant pourquoi les meneurs parlementaires se montrent si opposés à la suppression du budget clérical, malgré les engagements qu'ils ont pris vis-à-vis de leurs électeurs. Comme ceux qui vont mourir, ils ont le pressentiment de leur fin prochaine et il n'est rien qu'ils ne soient disposés à faire ou à tenter pour éloigner l'heure fatale.

VI

Nous avons jusqu'ici raisonné, je le répète, dans l'hypothèse de la suppression du budget des cultes, à laquelle l'opinion est depuis longtemps préparée. Nous ne nous sommes que médiocrement préoccupés de celle des deux subventions académiques, qui viendra après comme une mesure complémentaire. Nous devons nous demander maintenant sous quelle initiative tombera le budget clérical. Un tel événement serait encore bien éloigné, s'il fallait l'attendre d'une décision de l'assemblée. Ceux qui croient encore aux mérites des votes populaires espèrent que de nouvelles élections modifieront la majorité parlementaire et la rendront plus favorable à leurs vœux. Illusions que de telles espérances, d'ailleurs le Sénat n'a-t-il pas été constitué pour arrêter tout ce que pourrait laisser passer la Chambre des députés. Il faut bien se tourner vers la revision. Mais en admettant que vous l'obteniez cette revision, se fera-t-elle dans le sens de vos désirs. Une assemblée unique qui en sortira, sera-t-elle mieux disposée que celle sur laquelle sont venues s'évanouir toutes vos espérances. Les impatients et les violents voient la révolution imminente et attendent tout de ses merveilleux effets. Oublient-ils que, quelque opportune qu'elle soit, pour aboutir une révolution doit être dirigée. Faut-il leur rappeler le sort de la Commune parisienne? La résistance de Paris aux agissements de Versailles était certes bien légitime, la grande cité avait à sa disposition un matériel de guerre formidable, et les grandes villes de France étaient toutes ralliées à sa cause.

Dans l'état actuel des esprits, dans la division des partis, on peut affirmer que tout mouvement populaire qui réussirait à renverser l'assemblée, se résoudrait dans le sang. Que reste-t-il donc à espérer ? Une puissante personnalité subalternisant le parlement et faisant en son nom tout ce qui est à faire ! Ce serait sans doute fort à désirer. Deux hommes se sont succédés au pouvoir à un très court intervalle de temps, qu'ont-ils fait malgré toute la puissance dont ils disposaient ? N'ayant pu se dégager de leurs préjugés, ils se sont contentés d'organiser la résistance bourgeoise.

La situation que nous traversons, avons-nous dit, est la plus complexe de toutes celles que nous a présentées cette longue époque de préparation des forces humaines qu'on appelle le passé. Il faut de nos jours combiner ces forces si longuement préparées et nous osons le dire, la prudence d'un homme d'Etat livré à ses propres inspirations, ne pourrait y suffire. Mais ce passé, si on veut l'interroger, peut fournir au présent de précieux enseignements.

L'œuvre des temps, on le sait, ne chôme jamais ; elle se traduit tantôt par des pensées, tantôt par des actes, ceux-ci venant en quelque sorte réaliser ce que celles-là ont préparé. Tel est le spectacle que nous présente la succession des siècles écoulés. Plus spéculatives que politiques étaient les difficultés dont le présent avait à triompher. La philosophie a fait son œuvre, c'est à la politique à faire la sienne. Le penseur n'a pas manqué à la situation, l'homme d'Etat est encore à trouver. On ne pouvait guère espérer cependant qu'à l'action philosophique succèderait immédiatement l'action politique. Mais il y a assez longtemps que la première est terminée, pour qu'on ait lieu de s'étonner que la seconde ne soit pas encore commencée. A quoi attribuer un tel retard, sinon au détournement de nos forces de leur destination sociale. C'est à la suprématie des lettres, et plus encore, au régime de la science officielle qu'il faut s'en prendre de notre état de stagnation. « Ni le Clergé, ni même l'Université, a dit le grand philosophe, ne font autant que l'Institut et surtout l'Académie des sciences dévier la jeunesse française des dispositions synthétiques et sympathiques qu'exige sa mission actuelle. » Il y a plus de trente ans que ceci a été écrit et tout ce qui s'est accompli pendant ces trente années pourrait servir de confirmation à ces mémorables paroles. Les savants officiels ont trahi la sainte cause de l'avenir et ont consenti pour conserver leurs privilèges, à se mettre au service de la foule des littérateurs, journalistes ou avocats, avec lesquels ils font cause commune de nos jours.

C'est par une action extra-parlementaire, qu'il importe de préciser, qu'on brisera la coalition des discoureurs et des faiseurs académiques. Nous rappellerons que c'est dans ce but qu'après la Révolution de Février, Auguste Comte fonda la Société positiviste. Elle était destinée à éclairer l'opinion et à fournir des solutions au gouvernement. Elle eût pu en étendant son action, exercer sur la France entière une influence semblable à celle qu'exerça en d'autres temps la Société des Jacobins. Ses productions des premiers temps, ses séances, alors si animées, devaient faire bien augurer de son avenir. Elle fut contenue dans sa propagande sous le régime impérial et ne servit alors qu'à fournir un centre de ralliement au positivisme. Après la guerre elle eût pu reprendre son ancien rôle, mais elle avait avorté sous un chef sans initiative. D'ailleurs le positivisme, sous l'érudit qui en avait pris la direction, s'était jeté dans une déviation intellectuelle, et pactisait déjà avec les lettrés. Plus que jamais nécessaire, espérons que la Société positiviste se relèvera sous quelque puissante initiative.

Pour motiver l'action extra-parlementaire que nous ne cesserons de recommander, faut-il rappeler que c'est à elle que nous avons dû naguère l'amnistie, à laquelle le chef de l'opportunisme s'était obstinément opposé. Nous savons comment elle lui fut imposée par l'opinion parisienne. Naguère encore nous avons vu la persévérance d'un député faire passer à la Chambre des députés la question du divorce en associant à sa propagande la plupart de nos grandes villes. Est-il nécessaire de rappeler que toutes les grandes mesures révolutionnaires auxquelles la France dut son salut, lorsqu'elle combattait l'Europe coalisée, furent prises à l'initiative de Paris, qui accepta dignement la mission de seconder l'action d'un grand patriote. Ce qui se fit alors par des moyens exceptionnels, montre assez la puissance de l'opinion lorsqu'elle est bien dirigée. Ne pourrait-on y trouver un enseignement pour le présent?

Nous osons le dire, nous ne sortirons de la position précaire que nous fait la conspiration des diplômés, journalistes, avocats ou lettrés, que lorsque Paris reprendra définitivement son rôle séculaire. Ce n'est certes pas un programme philosophique qu'il faut lui demander, ces sortes de programmes ne peuvent naître que dans une seule tête ; ce qu'il faut lui demander, c'est d'affirmer nettement ce qui est à l'état d'aspiration dans tous les cerveaux. Il est bien rare, lorsqu'une situation s'accuse avec netteté qu'elle ne se précise dans quelque idée dominante. Ainsi l'instinct public sent très bien de nos jours que tout est subordonné à la question capitale de la séparation de l'Eglise et de l'Etat. Nous avons montré quelles en seraient les conséquences ; c'est donc vers ce but que doivent être désormais dirigés tous les efforts, toute autre question doit provisoirement s'effacer devant celle-là. Présentée sous son vrai jour, avec l'ampleur philosophique qu'elle comporte, comme destinée à assurer la libre-pensée et à consolider les droits de la conscience humaine, nous croyons qu'elle peut être acceptée par tous les partis. En l'entourant des garanties convenables, le clergé catholique pourra lui-même s'y associer, ou du moins n'osera pas en contester la légitimité, aucun sentiment de haine ne devant ici exister chez ceux qui s'en feront les propagateurs. Il faut, pour éloigner d'une telle mesure toute idée de spoliation, qu'une juste indemnité viagère assure l'existence de tous ceux qu'elle atteindra directement.

Dans ces conditions, on peut espérer qu'elle sera acceptée par le clergé militant. La seule opposition qu'elle pourrait trouver dans son sein lui viendrait de l'épiscopat, dont les intérêts ne sont plus depuis longtemps ceux de ses ouailles.

Nous croyons en outre qu'il serait facile d'y rallier encore le parti catholique tout entier, en mettant pour condition à son acquiescement l'obligation de supprimer du même coup les trois budgets théoriques. Tel est le conseil qui pourrait lui être donné ; c'est le seul qui convienne à ses véritables intérêts et à sa dignité (1).

Quoiqu'il en soit, le budget des cultes doit tomber au plus tôt ; c'est par là que doit commencer tout ce qui peut être entrepris pour nous soustraire à l'action dissolvante du régime parlementaire. Que ceux de nos députés qui le comprennent abandonnent à son sort leur impuissante assemblée. Couverts de leur inviolabilité parlementaire, qu'ils consacrent leurs efforts à seconder l'action parisienne.

Il n'est point de question qui soit plus grosse de conséquences que celle que nous soulevons ici ; nous l'avons

---

(1) On ne saurait considérer comme sérieux ceux qui mettent pour condition à la suppression du budget des cultes la restitution des biens que le clergé possédait avant la Révolution française. Nous pouvons citer à cet égard une curieuse histoire d'aliéné. Nous avons connu un fou qui se disait descendant de je ne sais quel collège de Druides, et qui en cette qualité réclamait les grands biens dont Jules César, lors de la conquête, avait dépouillé la corporation sacerdotale, à laquelle appartenaient ses aïeux.

prouvé, et on le sent bien dans les hautes sphères gouvernementales. Il ne faut pas que l'instinct public s'égare dans des discussions stériles.

Que Paris, sous l'initiative de nos meilleurs représentants, reprenne donc son rôle providentiel, et la représentation rurale s'inclinera devant son irrésistible prestige. Ceux qui, par des décrets attentatoires à la véritable liberté, ont espéré égarer l'opinion, verront s'élever contre leurs coupables atermoiements la grande cité, qui a pu parfois se méprendre sur les moyens, mais qui, dans le passé comme dans le présent, sous nos anciens rois, comme sous ceux qui croient les avoir remplacés, a toujours eu le pressentiment de l'avenir. Paris, qui, au XVI° siècle, préserva la France du protestantisme, qui, au siècle dernier, lui conserva l'indépendance, Paris, espérons-le, saura nous délivrer de la domination des rhéteurs et des pédants.

VII

Par la nature de sa population, Paris, a-t-on dit, peut-être considéré comme la délégation naturelle de la France entière. Avant la fin du siècle on pourra dire qu'il est aussi celle de l'Occident lui-même. Supposons sa suprématie définitivement affirmée, et l'assemblée rurale, entièrement discréditée, demandons nous à quelle forme gouvernementale on devra alors se rallier.

Ecartons d'abord toute arrière-pensée de remplacer le suffrage universel, car c'est le seul mode de votation désormais possible ; c'est celui qui, à coup sûr, malgré ses inconvénients et ses lacunes, nous expose au moins de dangers. Le suffrage censitaire nous rejetterait sous le joug d'une bourgeoisie étroite et égoïste, qui n'aurait point de repos qu'elle n'eût restauré la monarchie de sa prédilection. Mais le suffrage universel comporte une règlementation que nous indiquerons plus tard.

Le parlementarisme ne présentât-il que l'inconvénient de noyer le pouvoir central dans la délégation provinciale, qu'il faudrait pour cette seule raison songer à le remplacer. Le rôle de toute assemblée quand elle a cessé d'être constituante, doit être tout administratif. Aussi ne doit-on attendre d'elle qu'une action de contrôle, qu'elle exercera suffisamment par le vote de l'impôt ; ses attributions devant rester toujours financières. Au pouvoir central, au contraire, appartiennent l'initiative politique et la puissance législative. Tel fut le double privilège de la royauté. Tant qu'elle fut progressive, ce noble privilège fut exercé sous l'inspiration directe ou indirecte de Paris. La royauté a disparu, mais a-t-elle été remplacée ? Comme une veuve, la noble cité qui lui fut toujours associée, marche au milieu des larmes, de déceptions en déceptions, cherchant une voie qu'elle n'a pas encore trouvée.

Nous avons vu combien l'action gouvernementale se simplifie par le fait seul de la suppression des trois budgets théoriques. Elle se réduira, lorsque les grandes réformes, si impatiemment attendues, seront effectuées, aux soins qu'exigent le maintien de l'ordre et le respect de la liberté. Une meilleure intelligence de nos intérêts, que la décentralisation administrative secondera puissamment, aplanira bien des difficultés. Elles s'évanouiront pour la plupart, lorsque les lois qui règlent la marche et le développement de la fortune publique, seront mieux connues et mieux appliquées. Quant à l'initiative législative, il suffit de voir comment nos assemblées confectionnent les lois, pour qu'on n'ait aucun regret à la laisser au pouvoir central. Le gouvernement pourra à cet égard donner au public toutes les garanties désirables, s'il se conforme aux dispositions recommandées par Auguste Comte. Tout projet de loi, à moins d'urgence, sera soumis, dit-il, pendant trois mois à la libre discussion, puis renouvelé pendant trois autres mois, et enfin promulgué, ou retiré définitivement, après ce double délai. Le pouvoir central, éclairé par l'opinion publique, pourra ainsi juger de l'opportunité de ses projets, les amender ou les modifier suivant la convenance des cas. En le laissant maître d'instituer pour leur élaboration des commissions, choisies parmi les hommes les plus compétents, il offrira au public des garanties autrement sérieuses que celles qui peuvent émaner d'une assemblée, passionnée, asservie, ou ordinairement habituée à céder à la pression ministérielle. Le pays et surtout Paris et les grands centres se trouveront ainsi associés à l'initiative législative. Nous devons pour de plus amples renseignements renvoyer au tome final de la

Politique positive, où toutes ces questions ont été traitées.

En ce qui concerne les garanties et les compensations que la province doit exiger pour le soin de ses intérêts, la décentralisation administrative y pourvoira largement. Mais quelques explications sont ici nécessaires pour rectifier bien des idées émises à ce sujet. Nous avons dit ce qu'il fallait voir sous la question de l'autonomie communale, qui passionne si justement toutes nos grandes cités. C'est une protestation de Paris et de nos grands centres contre les prétentions d'une assemblée rurale à vouloir enrayer un grand mouvement.

Que la mairie centrale soit rétablie à Paris, que le maire de Paris soit nommé par le pouvoir ou qu'il sorte d'une élection populaire, cela ne saurait avoir aucun inconvénient, si le gouvernement lui-même n'est qu'une émanation de Paris. Ce sera simplement transférer au premier magistrat de la grande cité les attributions du préfet de la Seine. Dans ces conditions, une entente s'établira toujours entre le gouvernement et le maire de Paris, vu leur communauté d'origine. Mais le bon sens parisien comprendra bien vite qu'il vaudra bien mieux laisser au gouvernement sorti de son sein le choix du magistrat municipal.

Quant à ce qui regarde la province, elle se tromperait étrangement, si elle pouvait croire que le pouvoir central doive la laisser s'administrer sans le contrôle de l'État. Ce qu'il lui importe et ce dont elle doit se contenter, c'est d'être préservée des longueurs administratives et de pouvoir, sans trop de déplacement, se faire écouter dans la défense de ses intérêts. Il faut pour cela que les administrations dont le siège est à Paris soient transférées dans les départements. C'est dans ce but qu'on devra renoncer à la circonscription départementale, désormais trop restreinte, et revenir à une division à peu près équivalente en étendue à nos anciennes provinces. La France se trouvera, de la sorte, divisée en quinze intendances, administrées chacune par un délégué du pouvoir central, avec le titre d'intendant. Chaque intendance comprendra quatre ou cinq départements administrés chacun par un sous-intendant. L'intendance, avec ses conseils généraux et municipaux, sera constituée et régie à la façon d'un petit État, sauf sa dépendance à l'égard du gouvernement central. Il serait facile de montrer combien les grandes réformes municipales et même toutes celles qui sont relatives à la magistrature peuvent être simplifiées par la nouvelle répartition territoriale, destinée à faire renaître la vie provinciale. Il faudra néanmoins laisser toujours au pouvoir central le soin de pourvoir aux intérêts généraux, le contrôle des quinze chefs-lieux d'intendance suffisant toujours pour éviter toute déviation ou abus d'autorité. A cet effet, une Chambre de députés, nommée au suffrage universel, siégeant à Paris pendant deux mois chaque année. sera appelée à voter l'impôt et à contrôler les dépenses. Elle pourra faire en cette occasion, au gouvernement, toutes les observations et les remontrances même qui lui paraîtront devoir lui être faites, sans toutefois s'attribuer jamais aucune autorité législative. Nous devons encore renvoyer, pour plus amples développements, au tome final de la *Politique positive*, où nos futurs hommes d'État trouveront de précieuses indications, s'ils veulent secouer leurs préjugés littéraires et métaphysiques.

Toute cette organisation politique et administrative reste, comme on le voit, subordonnée dans son fonctionnement au pouvoir central, dont la nomination doit maintenant nous occuper.

Nous avons supposé qu'une action extra-parlementaire, que pourraient puissamment seconder les membres les plus éclairés de nos assemblées actuelles, aura montré l'impuissance d'une assemblée à rien constituer ou diriger, qu'en outre une pleine séparation entre le spirituel et le temporel se sera effectuée, par la suppression du triple budget théorique ; nous supposerons encore qu'à la suite des libres discussions qu'auront suscitées, au sein de la grande cité, ces diverses mesures, la prépondérance parisienne soit si nettement accusée qu'aucun parti ne soit tenté de la méconnaître. Dans ces conditions les lettrés, discoureurs ou autres, auront été écartés de toute suprématie politique, comme incompétents, anarchistes ou rétrogrades, et une alliance entre les vrais conservateurs et les prolétaires urbains se sera effectuée sur les bases indiquées par une saine théorie de la propriété et par une meilleure notion de leurs devoirs respectifs. Alors on pourra sans aucun danger pour l'ordre conférer à la ville de Paris, la mission de nommer elle-même le pouvoir central, qui réunira, ainsi qu'il a été dit, les pouvoirs exécutifs et législatifs. Cette nomination se fera au suffrage universel, réunissant temporairement tous les habitants de la grande cité dans une même fonction, la plus importante de toutes.

Pour éviter tout entraînement, ne seront électeurs que les citoyens âgés de vingt-cinq ans, et ayant dix-huit mois de domicile à Paris. Les trois gouverneurs ainsi nommés se partageront les départements de l'extérieur, de l'intérieur et des finances. Leur nomination sera soumise le second dimanche qui viendra après le vote parisien à la confirmation des quinze chefs-lieux d'intendance. Ainsi se trouvera définitivement consacrée la suprématie des grands centres, groupés autour de la seule ville qui n'ait point de population propre et qui pour cela peut être considérée comme la délégation naturelle de la France entière. Les trois gouverneurs désignés sont indéfiniment rééligibles. Une protestation contre leur gouvernement, émanant d'un nombre déterminé d'électeurs, se renouvelant après un temps plus ou moins long et formulée d'après le mode qui paraîtra le plus convenable, entraînera leur démission.

Telle est la forme de gouvernement de la République française recommandée par Auguste Comte. Elle concilie toutes les exigences d'une transition difficile, en alliant l'ordre et le progrès. Elle peut être présentée comme résultant d'un double fait historique, la prépondérance des villes sur les campagnes et la supprématie de Paris sur la France entière. La réalisation d'un tel plan est pleinement rationnelle ; elle exige seulement que la marche de l'évolution sociale soit assez généralement reconnue pour qu'un parti vraiment conservateur et progressif ait finalement prévalu. Or rien n'empêche de penser qu'il en soit bientôt ainsi, pour peu que les vrais républicains soient disposés à revenir de leurs illusions parlementaires. L'impuissance du parlementarisme ne saurait tarder à être reconnue de tous, si elle ne l'est déjà. Les dangers que crée un tel régime pour la République de la part des prétendants, dont la faiblesse du pouvoir encourage toutes les tentatives, et le débordement des fausses doctrines sont autant de raisons pour nous d'espérer qu'on finira bien par chercher en dehors d'une forme épuisée et reconnue compromettante une tout autre solution. Celle que nous recommandons ici d'après le grand philosophe, résulte d'une mûre appréciation de la succession des événements écoulés et d'une judicieuse connaissance de l'avenir, déduite de celle du passé,

Conspué lors de son apparition par les discoureurs académiques ou universitaires, le positivisme s'est aujourd'hui en quelque sorte infiltré partout ; c'est désormais une puissance avec laquelle il faudra bientôt compter. Bien que le rhéteur que la mort a récemment enlevé, n'en connût ni l'esprit, ni la lettre, la pression de l'opinion l'obligeait déjà à en proclamer le fondateur le plus grand esprit de ce siècle.

On a souvent vu dans l'antiquité une ville demander une constitution à un philosophe en renom. La philosophie aspirait alors, quoique prématurément, à remplacer la théologie, assez épuisée dans la confiance des populations pour que sa consécration restât impuissante à contenir les dissidences civiques. Lorsque les phénomènes sociaux s'élèvent à une complexité telle que les inspirations d'une science sociale deviennent nécessaires pour diriger la conduite des hommes d'Etat, il n'y a rien d'irrationnel à penser qu'une pareille science soit prochainement invoquée par ceux qui n'ont point de parti pris. C'est ce qu'on peut espérer, en un temps, où tout semble nous inviter à écarter de la direction politique les faiseurs quelconques qui ont jusqu'à ce jour exploité la faveur populaire. Pour se maintenir, ils n'ont plus que la triste ressource d'opposer les campagnes retardées aux grands centres plus avancés. Ce sont eux qui ont intérêt, de nos jours, à se couvrir du dogme épuisé, aussi rétrograde qu'anarchique, de la souveraineté populaire.

Si les républicains éclairés sont assez sages pour écarter leurs meneurs ontologiques et pour se conformer aux enseignements d'une doctrine régénératrice, les choses pourront se passer ainsi que nous venons de l'indiquer. Mais s'ils continuent à s'égarer dans les errements du parlementarisme et de la souveraineté populaire, ils pourront être encore surpris par la marche des événements. Qu'ils nous permettent d'appeler encore leur attention sur un aphorisme sociologique, qui peut être dès à présent érigé en principe politique, et dont ils trouveront de nombreuses confirmations dans notre histoire révolutionnaire : si l'ordre rétrograde amène le progrès anarchique, le progrès anarchique ramène toujours l'ordre rétrograde. Faut-il encore leur rappeler la doctrine des sauveurs providentiels; elle est applicable à tous les temps, à tous les lieux. Ce qui la rend en ce moment d'autant plus redoutable pour nos institutions républicaines, c'est qu'elle est au fond légitime et qu'une théorie rationnelle de l'évolution humaine la consacre en tous points.

Dans tous les grands mouvements sociaux qui réclament l'unité d'action, quand l'existence collective se trouve menacée par un danger commun, ou quand les anciens moyens gouvernementaux sont épuisés ou infirmés, les populations ont bientôt conscience de leur impuissance, aussi se hâtent-elles de chercher un chef, et ce chef, elles le trouvent toujours. S'il est à la hauteur de la situation, ce sera un véritable sauveur; dans le cas contraire, il poussera à de nouvelles complications.

Tel est le spectacle que nous a présenté de tout temps la marche de l'évolution humaine, qui n'arrive au terme déterminé par les lois qui en fixent le cours que par une action saccadée, qu'une direction systématique, qui ne devient possible que de nos jours, aurait pu seule régler. Notre histoire révolutionnaire, depuis la crise initiale jusqu'à nous, fournit à cet égard de précieux enseignements, dont nos hommes d'Etat auraient pu profiter. Aucune direction n'ayant encore prévalu et l'ordre social restant toujours livré au hasard des événements, de nouvelles fluctuations restent toujours à redouter. Si l'on a trouvé des César, des Cromwell, des Danton pour enrayer une situation révolutionnaire et l'empêcher de s'égarer, on a aussi trouvé des Sylla, des Robespierre, des Bonaparte, qui n'ont laissé que des ruines après eux. On peut dire que tout reste possible dans nos temps exceptionnels, où la complexité des événements ne laisse point entrevoir le cours des choses. Quand le but à atteindre est encore trop éloigné, le découragement ne tarde pas à s'emparer des plus actifs, et souvent, après les plus nobles efforts, l'on voit un peuple déchoir d'un état primitivement prospère et tomber sous le joug de quelque despote ou de quelque rhéteur. C'est le sort, dit Auguste Comte, qui eût été réservé à la malheureuse Grèce, si l'incorporation romaine n'était venue à temps contenir les rivalités que l'esprit de parti y avait suscitées. Un pareil sort serait-il réservé à notre pays, ainsi que l'ont avancé ceux qui ne s'arrêtent qu'à la superficie des choses?

La doctrine de l'avenir est heureusement constituée ; elle a assez pénétré la population qui fait et défait les gouvernements pour qu'on puisse espérer que l'excès même d'anarchie, qui fait redouter une échéance fatale, fera surgir l'homme d'Etat destiné à en faire l'application aux nécessités du moment. Il est permis néanmoins de craindre qu'elle n'arrive assez à temps pour contenir les compétitions de pouvoir qu'entretient le désordre parlementaire.

Nous avons dit ce qui peut être fait pour favoriser et préparer l'avènement d'un nouveau parti gouvernemental appelé à se substituer à ceux que nous avons vus se succéder au pouvoir à de si courts intervalles. Combien serait plus rapide la marche des choses, si quelque puissante personnalité, pénétrée des nécessités du moment, pouvait bientôt surgir. Nos récentes déceptions ne nous autorisent guère à penser qu'elle puisse sortir du camp des lettrés. S'ils ont eu parfois un semblant d'énergie, ils n'ont jamais montré ni le dévouement, ni la haute moralité que réclame l'exercice de l'autorité. C'est en favorisant l'avènement d'un parti de vrais conservateurs, nous le répétons, que nous pouvons espérer d'étouffer un régime dissolvant et faciliter l'accès du pouvoir à de véritables hommes d'Etat.

VII

Les grandes mesures qui assureront la prépondérance
de Paris en France, feront aussi prévaloir sa suprématie
spirituelle dans tout l'Occident. C'est, avons-nous dit, la
seule ville en Europe qui n'ait pas de population propre ;
avant la fin du siècle on y trouvera vraisemblablement
autant d'Occidentaux que de Français.

Auguste Comte faisait justement remarquer qu'après la
séparation des colonies espagnoles de l'Amérique du Sud
de leur mère patrie, c'est à Paris et non à Madrid qu'elles
se sont directement rattachées. Aussi bien aujourd'hui
qu'au dix-huitième siècle, Paris est le grand boulevard
européen, rien ne l'a encore dépossédé de son rôle séculaire. En supposant même que nos troubles civiques nous
exposassent à un démembrement que sa prépondérance ne
resterait en rien amoindrie. Un nouveau fractionnement
de l'Occident en serait la conséquence inévitable, lorsque
le rétablissement de la paix aurait permis aux industriels
de subalterniser définitivement les derniers débris des
castes militaires.

Dans ces nouvelles conditions, c'est encore Paris qui
tiendrait le sceptre spirituel. Une grande déperdition de
force et de temps, voilà à peu près tout ce qui pourrait
résulter de la crise violente qui aurait amené un tel résultat. Ce que peut obtenir pacifiquement une direction
systématique, s'inspirant de la connaissance des lois de
l'évolution humaine, se serait effectué violemment. Nos
grands Etats modernes se sont constitués lorsque les liens

qui réunissaient les divers éléments de la république
chrétienne se sont relâchés, à l'époque où la papauté déchue de son antique autorité, ne pouvait plus veiller sur
l'intégrité de la famille occidentale. Quand une nouvelle
foi aura prévalu, quand de nouveaux liens auront rapproché les éléments épars de cette famille dont Rome fut le
berceau, la fraternité universelle et les besoins industriels
amèneront inévitabblement le démembrement de tous ces
vastes Etats, qui n'ont plus aujourd'hui de raison d'être,
et dont les rivalités aveugles ou égoïstes menacent encore
la paix du monde.

C'est en prévision du morcellement futur que subira la
France, comme toutes ses sœurs d'Occident, qu'Auguste
Comte en recommanda la division en quinze intendances,
qui deviendront plus tard autant de petites républiques
indépendantes. C'est ce même esprit qui devra présider à
la politique extérieure du nouveau parti conservateur, que
le cours des choses va investir du pouvoir directeur. Il se
proposera tout d'abord de préparer le désarmement de
l'Occident, en montrant aux populations vers quel but
leurs véritables intérêts doivent désormais converger.

Il fut un temps où ce désarmement s'imposait en quelque sorte ; ce fut lorsque le peuple de Paris chassa la
monarchie bourgeoise. Alors, les mœurs de la paix avaient
à peu près prévalu dans tout l'Occident. La France restait
seule armée, grâce à sa conquête africaine. L'initiative
d'un désarmement pouvait alors venir d'elle sans aucun
danger pour son indépendance. Les grands mouvements
révolutionnaires qui survinrent à cette époque, en Allemagne et en Italie, montrent assez comment une telle
mesure eût été accueillie par les populations d'outre-
Rhin. Mais, après la défaite parisienne de juin, la politique bourgeoise chercha dans un sauveur des garanties
contre tout retour des républicains aux affaires. L'empire
était fait ! Ceux qui avaient des positions, des privilèges à
conserver, ne craignirent pas de livrer à une tourbe

d'aventuriers l'honneur de leur pays et ses plus chers intérêts. Après la victoire de décembre, il fallut récompenser les vainqueurs ; il fallut aussi chercher au dehors des distractions aux questions intérieures. On se jeta sans vergogne dans les aventures. Quand la France tombait dans le désastre de Sedan, l'Europe tout entière n'était plus qu'un vaste camp, et la paix du monde, contrairement aux espérances pacifiques d'un autre temps, se trouvait compromise.

Relevée enfin par ses propres efforts, la France n'a pu fixer encore sa politique extérieure. Tandis qu'elle s'énerve dans le parlementarisme, le militarisme prussien et le mercantilisme anglais contiennent toutes les grandes aspirations. C'est à la dégager des dangers que lui crée cette situation, tant extérieure qu'intérieure, que devra viser désormais sa politique. La suprématie parisienne, quand elle aura mis fin au régime parlementaire, n'aura pas de peine à nous mettre à même de rappeler l'Europe à un rôle plus digne de ses destinées.

Obligée désormais de veiller à sa sécurité et de se tenir en garde contre toute nouvelle tentative de la part d'une aristocratie famélique, que ses récents succès poussent à sortir de ses cantonnements naturels, la France doit sans doute rester en armes ; mais elle doit aussi montrer aux occidentaux à quelles conditions doit s'opérer un retour aux mœurs prcifiques, dont tous sentent le besoin, que les rois et les aristocrates ont seuls i.térêt à compromettre. Quoi qu'il en coûte à notre amour-propre national, nous devons accepter les conséquences de la défaite. Si nous nous reportons à la situation de 48, nous aurons de bonnes raisons pour nous résigner. Il faut franchement renoncer à toute idée de revanche, et considérer l'Alsace et la partie allemande de la Lorraine comme définitivement distraites de l'Unité française. Les sympathies que la France trouvera toujours en ces deux pays ne sauraient nous empêcher de reconnaître que l'Alsace n'est pas plus française qu'elle n'est allemande. La même observation peut-être, d'ailleurs, faite à l'égard de la Corse, qui n'est pas plus italienne qu'elle n'est française. Ce sont deux petites nationalités parfaitement distinctes, dont il faut savoir respecter l'autonomie. En conséquence, l'Allemagne devra rendre l'Alsace à elle-même, comme la France devra proclamer l'indépendance de la Corse.

Une semblable déclaration ne saurait tarder à ramener l'Italie à l'alliance française. L'Espagne y entrera bientôt après. De tous les éléments de la famille occidentale, ce sont ceux qui sont le mieux préparés à revenir à la forme fédérale. Tout en s'abstenant de vouloir y fomenter des dispositions insurrectionnelles à l'égard de leurs souverains, on pourra montrer à ceux-ci qu'ils doivent aller au-devant des événements, et ne pas attendre d'y être forcés pour prendre certaines mesures d'ordre intérieur.

Les deux monarques italien et espagnol reconnaîtront eux-mêmes qu'il leur convient de modifier le principe monarchique, afin de se conformer aux exigences de la situation moderne. Ils se feront les chefs de la fédération italique et ibérique, en renonçant à l'héridité de la naissance, à laquelle ils substitueront le choix de leurs successeurs, préalablement associés à leur pouvoir. Ils trouveront dans les pays des César et des Trajan de nobles exemples à imiter. L'homme d'Etat, s'il veut étudier la belle succession des Antonin, verra qu'elle fournit le mode le plus rationnel de la transmission du pouvoir. Normalement, tout chef doit désigner celui qui sera appelé à le remplacer, sauf le contrôle de l'opinion, qui s'exercera toujours efficacement, s'il a soin, de son vivant, d'associer son successeur à sa fonction.

Quelque platoniques que puissent paraître les conseils donnés ici aux rois, on peut croire cependant qu'ils ne resteront pas toujours sans effets, surtout quand on songe que l'état des esprits dans les pays qu'ils gouvernent y

rend une explosion républicaine toujours imminente (1).
Nous ferons observer en outre que le parlementarisme
est en Espagne et principalement en Italie plus opposé
encore qu'en France aux mœurs et aux traditions des
deux pays. Une transformation de pouvoir qui délivrera
les deux gouvernements péninsulaires de la cohue des discoureurs, ne pourra qu'être bien accueillie des populations
qui souffrent de leur domination. L'exemple que leur donnera la France en se débarrassant elle-même de ses lettrés sera d'un grand effet, en des pays où l'on est encore
disposé à nous imiter. Il n'y a donc rien de chimérique à
espérer que les conseils donnés aujourd'hui par la doctrine
régénératrice seront entendus là où, suivant la juste re-
marque du grand philosophe, elle doit jeter ses plus profondes racines. La fraternité espagnole et le sentiment
esthétique italien sont de sûrs garants de l'accueil que re-
cevra le positivisme en deux pays si pleins encores de traditions catholiques, surtout s'il s'y présente comme venant
continuer les grandes traditions du douzième et du treizième siècle.

Ainsi pourra être rétabli, suivant l'expression prêtée à
Henri IV, le vieux trépied latin, autour duquel a gravité
pendant si longtemps la politique occidentale.

Dans cette noble alliance de trois grands peuples unis
par la communauté d'origine, parlant presque la même
langue, la langue de Rome, entrera aussi l'Allemagne du
Sud, rattachée depuis Trajan et Marc-Aurèle au concert
occidental. Préservée du protestantisme, elle a conservé
le culte des belles choses. La délicatesse de ses mœurs
prouve qu'elle fut, elle aussi, fille de Rome. S'il existe des
nobles à Berlin, à Vienne seulement on trouve de nos

---

(1) Depuis bien longtemps les rois ne brillent plus par leurs ca-
pacités politiques, est-ce une raison cependant pour ne pas leur
dire ce qu'il leur conviendrait de faire s'ils étaient à la hauteur de
la mission qui leur incombe de nos jours.

ours des gentilshommes. Menacée à la fois par le pangermanisme et le panslavisme, l'Autriche a cessé d'avoir une politique propre et n'est plus qu'un instrument entre les mains de la Prusse. Une telle situation peut être subie, mais elle ne sera jamais acceptée. Plus qu'aucune de ses sœurs d'Occident, elle doit comprendre combien la France manque au concert européen. Il est donc permis de penser qu'elle se hâtera d'entrer dans l'alliance des trois éléments latins dès qu'elle lui paraîtra assez solidement constituée.

Une forte situation défensive prise par cette quadruple alliance, que la nouvelle politique française peut préparer et réaliser prochainement, suffira pour contenir toutes les velléités agressives et déjouer les combinaisons d'une diplomatie astucieuse.

L'Allemagne du Nord est encore trop enivrée de sa victoire pour comprendre qu'elle n'a été qu'un docile instrument au service de l'aristocratie prussienne. Mais le despotisme militaire qu'elle subit en ce moment lui ouvrira bientôt les yeux. L'attitude de la France la ramènera a des idées plus saines sur le rôle qui lui convient dans la confédération occidentale. Une émigration toujours croissante indique assez qu'elle commence à se lasser de l'obligation qui lui est faite de rester en armes, quand ses intérêts et ses dispositions lui font sentir les bienfaits de la paix. La doctrine des nationalités, à l'aide de laquelle on l'a détournée de ses voies, a déjà, ce nous semble, bien perdu de son prestige chez elle. Propagée par ses lettrés et ses universités elle n'a jusqu'à présent servi qu'à consacrer la domination prussienne. D'ailleurs l'isolement auquel elle va se trouver réduite, par l'adhésion de l'Autriche à l'alliance latine, fera bientôt comprendre à ses meilleurs éléments, ceux qui sont restés catholiques, où doivent s'adresser leurs sympathies. Vienne reprendra bien vite son ascendant sur Berlin, car l'Autriche a encore une grande mission à remplir en Orient, tandis que la Prusse ne peut qu'agiter l'Europe. Les populations que les derniers traités ont séparées de l'Empire turc sont trop isolées pour qu'elles n'aient pas besoin d'un protectorat. Une telle mission doit sans doute relever le prestige de Vienne, que les Etats catholiques du nouvel Empire n'ont point cessé de considérer comme la véritable métropole germanique.

L'agitation plus perturbatrice qu'utile aux véritables intérêts scientifiques, qui s'est faite dans les universités du Nord, a pu seule faire croire à un déplacement de la véritable activité spéculative de l'Allemagne. Grâce à ses antécédents catholiques, l'esprit synthétique est mieux conservé à Vienne qu'à Berlin et à Leipsick, où dominent les tendances dispersives. La doctrine régénératrice s'y présentant, comme en Italie, sous son double aspect esthétique et religieux, y sera dignement accueillie. Elle achèvera de consolider les liens qui n'ont jamais cessé d'exister entre les anciens éléments latins, où le protestantisme a toujours été considéré comme un temps d'arrêt, aussi funeste à la marche de la civilisation qu'au développement de la véritable émancipation.

Le mercantilisme anglais et le militarisme prussien, tels sont, avec le parlementarisme français, les vrais obstacles qui s'opposent de nos jours à ce que l'Europe revienne à ses véritables traditions et s'achemine vers sa constitution finale.

L'Angleterre s'est progressivement retranchée du concert occidental et s'est réduite à l'exploitation du monde. Elle ne songe plus qu'à créer de nouveaux débouchés pour l'écoulement de ses nombreux produits. Les lords de la terre se sont laissés subalterniser par des industriels sans traditions. Une telle situation ne permet plus à personne de compter sur l'alliance anglaise, l'Angleterre ayant prouvé à tous qu'elle n'avait en vue que la défense de ses intérêts. C'est de son propre sein que sortira le correctif à une politique qui a déjà plus d'une fois compromis l'équilibre européen. En exagérant au delà de toute mesure sa production, non seulement elle s'est créé une position exceptionnelle dans le monde, mais elle a condamné à la misère son nombreux prolétariat. En portant toute son activité au dehors, elle a rompu les rapports normaux qui doivent toujours exister entre les diverses branches de l'industrie humaine. Dans les conditions exceptionnelles où elle s'est placée, l'augmentation des salaires ne saurait jamais compenser chez elle l'accroissement du prix des denrées. Si en d'autres temps elle a pu éviter le jacobinisme qui commençait à travailler ses masses, en coalisant la noblesse européenne contre la France, évitera-t-elle de nos jours la question sociale, qui travaille si puissamment le prolétariat occidental.

Si les lords pouvaient écouter à temps les conseils et les enseignements du positivisme, ils pourraient prendre prochainement une belle revanche sur les industriels. La ligue agraire de ces dernières années est un avertissement qui a pu être entendu de quelques-uns d'entre eux. Les ressources du monde ne sont pas inépuisables; la production se développe de toutes parts et les droits protecteurs restreignent les marchés. On peut donc prévoir qu'un pays qui a tout sacrifié à l'industrie, dont les ressources agricoles sont naturellement limitées, puisse à un moment donné se trouver dans la dépendance de ceux qu'il a jusqu'ici approvisionnés, sans excepter ses propres colonies.

Tel est l'ensemble des considérations qui devront présider à la politique extérieure d'un vrai parti conservateur, sachant concilier l'ordre et le progrès, et venant enfin se substituer aux lettrés, déclamateurs ou sophistes, qui ont en ce moment la prétention de nous gouverner. Nous avons dit à quelles conditions se trouve subordonné l'avènement de ce parti conservateur. Pour compléter les garanties qu'il aura à donner à la pacification du monde, il a de grands torts à réparer à l'égard des populations arabes de l'Algérie. L'islamisme a certainement des droits à son respect. Son dogme plus simple et p'us rationnel que celui des Occidentaux ne mérite certes pas le mépris que les discoureurs officiels affectent envers lui. Le peuple qui prêche la fraternité universelle doit s'enquérir au plus tôt d'un moyen d'échapper à la dure nécessité d'exterminer ou de dégrader ceux qu'il ne peut assimiler. Des colons voltairiens et émancipés pour la plupart de toutes croyances théologiques, laissés à eux-mêmes dans les fortes positions qu'ils occupent sur le littoral africain, seraient probablement beaucoup plus aptes à établir des relations solides et durables avec l'intérieur de l'Afrique, que des militaires, qui ne peuvent que contenir. Depuis la conquête, le commerce arabe s'est détourné de la colonie algérienne ; de purs commerçants l'y ramèneront plus facilement que les militaires. Ce sont des questions qu'il convient de poser, mais dont la solution serait peut-être pour le moment prématurée.

Dans l'état de fluctuations où se trouve encore notre politique, tant intérieure qu'extérieure, par l'absence de toute vue arrêtée, nous n'avons, a-t-on dit, aucune alliance à attendre de nos voisins. Rien n'est plus vrai. Malgré l'isolement auquel nous condamne le travail d'enfantement qui paraylse tous nos efforts, si nous savons être prudents, une telle situation peut tourner à notre avantage. La France, et ce n'est pas un républicain qui l'a dit, fera plus par le vide que produira son abstention dans toutes les questions soulevées autour d'elle, que par une intervention où elle n'aurait certainement que le second rôle. Nous avons montré combien sont opposés entre eux les intérêts de ceux qui aspirent, hors de la France à diriger la politique occidentale, ou qui cherchent à y jouer un rôle. Il nous convient donc d'attendre que cette opposition ait produit tous ses effets. Il sera alors facile de montrer, que seul, le pays de la fraternité universelle peut désormais rallier les membres épars d'une vieille famille aujourd'hui divisée faute de direction et de but. Cette direction ne saurait émaner que d'une science supérieure, venant enfin soulever le voile qui couvre l'avenir.

XIX

Nous croyons avoir montré, dans le cours de cet écrit, l'importance du vœu depuis longtemps émis par tous les esprits avancés, d'une séparation entre l'Église et l'État. D'une telle mesure doit sortir, en effet, comme conséquence naturelle, cette plénitude de liberté dont nous avons tant besoin pour dégager enfin des aspirations actuelles les principes destinés à fournir une base à un nouvel ordre social. Point de religion d'Etat, a-t-on dit; il faut ajouter plus d'enseignement d'Etat, plus de science d'État. Dégagé ainsi de toutes les entraves officielles, le gouvernement retrouvera sa liberté d'action, tandis que l'opinion publique pourra enfin se constituer sous la stimulation d'une doctrine dirigeante.

Nous avons vu comment, de la libre discussion, se dégagera alors un véritable parti conservateur, affranchi de tous préjugés rétrogrades ou métaphysiques. Ecartant les discoureurs et les littérateurs, il se rapprochera naturellement du prolétariat urbain, où il trouvera un appui et dont il deviendra le véritable directeur. Une saine théorie de la fortune publique lui permettra de l'éclairer sur ses véritables intérêts, et de diriger ses légitimes revendications. Comprenant que l'ordre social ne comportera aucune stabilité tant que le prolétariat ne sera pas définitivement incorporé à une société où il n'est encore que campé, ce parti conservateur s'attachera à montrer les conditions d'une telle incorporation. L'extinction graduelle de la petite bourgeoisie et l'avènement de la grande fortune l'amèneront à proclamer que sociale dans son origine la richesse doit avoir toujours une destination de même nature. Acceptant l'obligation de la faire concourir au bien-être de tous, il pourra exiger de ceux, à l'existence de qui il sera chargé de pourvoir, un dévouement à la chose publique qu'aucuns chefs industriels ne pouvaient jusqu'ici réclamer d'eux.

Acceptée de tous en France, la suprématie parisienne s'étendra graduellement à l'ensemble de l'Occident. En se donnant pour mission de rétablir les mœurs de la paix et de préparer une politique d'apaisement, dont le désarmement général sera la conséquence, la noble cité recouvrera, comme au dix-huitième siècle, les sympathies de tous les occidentaux. Une sainte alliance avec ses sœurs du Midi préparera la reconstitution de l'antique famille dont les divers éléments eurent pendant si longtemps les mêmes destinées. Nos ambassadeurs, devenant les missionnaires de la paix, n'auront pas de peine à conjurer toutes les résistances régrogrades en un milieu où les dispositions pacifiques prévaudront de plus en plus. Il leur suffira de montrer le but vers lequel devront converger les efforts communs.

Devenu par l'universalité de ses aspirations la métropole de l'Occident, Paris en sera alors, par la composition et la nature de sa population, la délégation naturelle. A la fin du siècle, avons-nous dit, la population parisienne sera autant occidentale que française. Plus préoccupé des intérêts occidentaux que des intérêts français, sa suprématie perdra de plus en plus tout caractère national et deviendra essentiellement spirituelle. A cette époque, il faut l'espérer, la sacerdoce positiviste sera constitué.

A ceux que les subtilités académiques ou les rivalités nationales domineraient encore assez pour leur faire méconnaître la prépondérance en Europe de Paris, nous ferons observer que le positivisme y a vu le jour sous une puissante initiative à la fois personnelle et sociale. C'est de son sein qu'est sortie la formule de l'avenir. Aussi pouvons-nous dire que le grand mouvement commencé à Athènes et poursuivi à Rome s'y continue encore, et que ses moindres citoyens peuvent se considérer comme associés à la grande œuvre de la régénération humaine.

La postérité leur saura gré d'avoir, souvent au prix des plus douloureux sacrifices, maintenu toujours posés les grands problèmes, dont la solution se serait trouvée pour longtemps ajournée sans leur constante abnégation. Malgré les erreurs et les funestes entraînements auxquels la grande cité a été si souvent exposée, de quelle reconnaissance ne faut-il pas entourer son grand nom. Le jugement de la postérité ne saurait être celui des partis que ses commotions ont parfois si violemment agités. Devant l'imposante figure de Rome, qui se souvient, de nos jours, que des luttes fratricides ont plus d'une fois ensanglanté ses murs. Rome a déblayé le terrain sur lequel devaient s'asseoir les sociétés futures, c'est tout ce dont le présent se souvient de son passé.

Paris c'est la France, c'est la Terre, a dit le grand philosophe. Qui ne sent la portée de cette retentissante parole ! O vous qui arrivez de vos provinces, qu'un vote inconscient a fait législateurs, croyez-vous, par vos décrets suspendre longtemps encore la marche des événements, paralyser les mouvements du grand organisme, arrêter les élans de la noble ville devant laquelle le monde a pris l'habitude de s'incliner. Avec elle, Danton fixa les destinées humaines (de Maistre), ainsi que Thémistocle à Salamine (Condorcet). Auguste Comte s'est échauffé à son souffle vivifiant.

Nous avons voulu, dans cet écrit, montrer la nature des obstacles qui s'opposent à la marche d'un grand phénomène. Nous pensons avoir réussi. Serons-nous compris de ceux qui sont en position de faire ce qui peut être tenté

pour atteindre le but désigné à leur activité? La gravité
de la situation actuelle semblerait nous autoriser à l'espérer; cependant l'esprit public est encore telllement imbu
des préjugés d'une vicieuse éducation, et les sophismes
démocratiques ont si profondément pénétré dans les
masses, qu'il faut aussi admettre que nous pouvons ne pas
l'être. Est-ce à dire que les lois qui président à la marche
de l'évolution humaine pourraient être indéfiniment sus-
pendues dans leurs effets. Après les plus violentes commotions, une société finit toujours par reprendre sa
marche; mais, en attendant, que de souffrances endurées,
que de victimes et de ruines ! C'est à épargner tous ces
maux aux générations présentes et futures que doivent
aspirer les hommes d'Etat. La science qui institue la
prévision de l'avenir leur en donne désormais le moyen.
Voudront-ils s'en inspirer?

TABLE DES MATIÈRES

Paris. —Impr. Nouv. assoc. ouv.), 11, rue Cadet.
G. Masquin directeur.